Cahier d'activités

D'accord! 2

Langue et culture du monde francophone

VISTA HIGHER LEARNING
Boston, Massachusetts

Printed in the United States of America.

ISBN: 978-1-60576-577-8

4 5 6 7 8 9 BB 15 14 13

Table of Contents

AUDIO ACTIVITIES

Unité préliminaire

Contextes

4 **Qui fait quoi?** (student text, p. 34) Dites si vous faites les tâches suivantes en écrivant (*by writing*) **oui** ou **non** dans la première colonne. Ensuite, demandez à vos camarades de classe; écrivez leurs noms dans la deuxième colonne quand ils répondent **oui**. Présentez vos réponses à la classe.

Modèle

Élève 1: Est-ce que tu mets la table pour prendre le petit-déjeuner?
Élève 2: Oui, je mets la table chaque matin./Non, je ne prends pas de petit-déjeuner, donc je ne mets pas la table.

Activités	Moi	Mes camarades de classe
1. mettre la table pour prendre le petit-déjeuner		
2. passer l'aspirateur tous les jours		
3. salir ses vêtements quand on mange		
4. nettoyer les toilettes		
5. balayer la cuisine		
6. débarrasser la table après le dîner		
7. souvent enlever la poussière sur son ordinateur		
8. laver les vitres (windows)		

Nom ______________________ Date ______________________

Leçon PB

Unité préliminaire

Structures

4 **Enquête** (student text, p. 43) Circulez dans la classe pour trouver au moins une personne différente qui donne une réponse affirmative à chaque question. Ensuite, présentez vos réponses à la classe.

Sujets	Noms
1. Sais-tu faire une mousse au chocolat?	
2. Connais-tu New York?	
3. Connais-tu le nom des sénateurs de cet État (State)?	
4. Connais-tu quelqu'un qui habite en Californie?	
5. Sais-tu faire de la planche à voile?	
6. Connais-tu le Québec?	
7. Sais-tu parler trois langues étrangères?	
8. Sais-tu faire du café avec une cafetière?	

Nom Date

Feuilles d'activités

Leçon PB

Unité préliminaire

Synthèse

2 **Mes connaissances** (student text, p. 44) Interviewez vos camarades. Pour chaque activité, trouvez un(e) camarade différent(e) qui réponde affirmativement. Ensuite, présentez vos réponses à la classe.

Modèle

Élève 1: Connais-tu une personne qui aime faire le ménage?
Élève 2: Oui, autrefois mon père aimait bien faire le ménage.

Activités	Noms
1. ne pas souvent faire la vaisselle	
2. aimer faire le ménage	
3. dormir avec une couverture en été	
4. faire son lit tous les jours	
5. rarement repasser ses vêtements	
6. ne pas avoir de cafetière	
7. apprendre à faire la cuisine	
8. constamment ranger sa chambre	

Leçon 1A

Unité 1

Contextes

5 **Sondage** (student text, p. 56) Circulez dans la classe et utilisez les éléments du tableau pour former des questions afin de savoir (*in order to find out*) ce que (*what*) vos camarades de classe mangent. Quels sont les trois aliments les plus (*the most*) souvent mentionnés?

Modèle

Élève 1: À quelle heure est-ce que tu prends ton petit-déjeuner? Que manges-tu?
Élève 2: Je prends mon petit-déjeuner à sept heures. Je mange du pain avec du beurre et de la confiture, et je bois un café au lait.

Questions	Noms	Réponses
1. Petit-déjeuner: Quand? Quoi?		
2. Déjeuner: Où? Quand? Quoi?		
3. Goûter: Quand? Quoi?		
4. Dîner: Quand? Quoi?		
5. Supermarché: Quoi? À quelle fréquence?		
6. Cantine: Quoi? Quand? À quelle fréquence?		
7. Fruits et légumes: Quoi? Quand? À quelle fréquence?		
8. Viande: Quoi? Quand? À quelle fréquence?		

Leçon 1B

Unité 1

Structures

4 **Trouvez quelqu'un** (student text, p. 77) Circulez dans la classe pour trouver des camarades différents qui correspondent aux phrases. Ensuite, présentez vos réponses à la classe.

Modèle

Élève 1: Quel âge as-tu?
Élève 2: J'ai seize ans.
Élève 1: Alors, tu es plus jeune que moi.

Trouvez dans la classe quelqu'un qui...	Noms
1. ... est plus jeune que vous.	
2. ... habite plus loin du lycée que vous.	
3. ... prend l'avion aussi souvent que vous.	
4. ... fait moins de gym que vous.	
5. ... a de meilleures notes que vous.	
6. ... arrive plus tôt en cours que vous.	
7. ... est aussi grand que vous.	
8. ... chante plus mal que vous.	

Nom ____________________ Date ____________________

Leçon 2A

Unité 2

Structures

5 **Enquête** (student text, p. 99) Circulez dans la classe et trouvez un(e) camarade différent(e) pour chaque action. Présentez les réponses à la classe.

Modèle

Élève 1: Est-ce que tu te lèves avant six heures du matin?
Élève 2: Oui, je me lève parfois à cinq heures!

Activités	Noms
1. se lever avant six heures du matin	
2. se maquiller pour venir en cours	
3. se brosser les dents trois fois par jour	
4. se laver les cheveux le soir	
5. se coiffer à la dernière mode (fashion)	
6. se reposer le vendredi soir	
7. se laver toujours les mains avant de manger	
8. se coucher après deux heures du matin le samedi	

Nom ______ Date ______

Leçon 2B

Unité 2

Structures

4 **Trouvez quelqu'un qui...** (student text, p. 115) Circulez dans la classe pour trouver un(e) camarade différent(e) qui donne une réponse affirmative à chaque question. Employez les pronoms y et en. Ensuite, présentez vos réponses à la classe.

Modèle

Élève 1: *Je suis né(e) à Los Angeles. Y es-tu né(e) aussi?*
Élève 2: *Oui, j'y suis né(e) aussi!*

Qui...	Noms
1. est né(e) dans la même (*same*) ville que vous?	
2. a pris une aspirine aujourd'hui? Pourquoi?	
3. est allé(e) en Suisse? Quand?	
4. a mangé à la cantine cette semaine? Combien de fois?	
5. est déjà allé(e) aux urgences? Pourquoi?	
6. est allé(e) chez le dentiste ce mois-ci? Quand?	
7. fait de la gym tous les jours? Avec qui?	
8. a bu du café ce matin? Combien de tasses?	

Leçon 3A

Unité 3

Synthèse

2 **La communication** (student text, p. 138) Circulez dans la classe pour interviewer vos camarades. Comment communiquent-ils avec leur famille et leurs amis? Pour chaque question, parlez avec des camarades différents qui doivent justifier leurs réponses. Ensuite, présentez les réponses à la classe.

Modèle

Élève 1: *Tes amis et toi, vous écrivez-vous plus de cinq e-mails par jour?*
Élève 2: *Oui, parfois nous nous écrivons dix e-mails.*
Élève 1: *Pourquoi vous écrivez-vous tellement souvent?*

Activités	Oui	Non
1. s'écrire plus de cinq e-mails par jour		
2. s'envoyer des lettres par la poste		
3. se téléphoner le week-end		
4. se parler dans les couloirs		
5. se retrouver au parc		
6. se donner rendez-vous		
7. se rencontrer sur Internet		
8. bien s'entendre		

Nom ____________________ Date ____________________

Unité 3

Synthèse

1 **Dans ma famille...** (student text, p. 152) Circulez dans la classe pour interviewer un(e) camarade différent(e) pour chaque question. Mentionnez un détail supplémentaire dans vos réponses.

Modèle

Élève 1: Qui, dans ta famille, a peur de conduire?
Élève 2: Mon oncle Olivier a peur de conduire. Il a eu trop d'accidents.

Qui, dans ta famille, ...	Noms
1. a peur de conduire?	
2. aime l'odeur de l'essence?	
3. n'aime pas conduire vite?	
4. n'a jamais eu d'accident?	
5. ne dépasse jamais la limitation de vitesse?	
6. n'a pas son permis de conduire?	
7. ne sait pas faire le plein?	
8. sait vérifier l'huile?	

Nom Date

Leçon 4A

Unité 4

Structures

4 **Enquête** (student text, p. 171) Circulez dans la classe et demandez à vos camarades s'ils connaissent quelqu'un qui pratique chaque activité de la liste. S'ils répondent oui, demandez-leur qui est la personne et écrivez la réponse. Ensuite, présentez vos réponses à la classe.

Modèle

Élève 1: *Connais-tu quelqu'un qui reçoit rarement des e-mails?*
Élève 2: *Oui, mon frère aîné reçoit très peu d'e-mails.*

Activités	Noms	Réponses
1. recevoir / rarement / e-mails		
2. s'inquiéter / quand / ne pas / recevoir / e-mails		
3. apercevoir / e-mail bizarre / le / ouvrir		
4. aller / cybercafé / recevoir / e-mails		
5. s'apercevoir / que / ordinateurs / être / indispensable		
6. ne pas / s'apercevoir / erreurs / quand / écrire		
7. recevoir / seulement / billets d'avion / électronique		
8. recevoir / messages / de / professeurs		

Nom _______________ Date _______________

Leçon 4A

Unité 4

Synthèse

1 **Je ne vais jamais...** (student text, p. 174) Circulez dans la classe pour trouver un(e) camarade différent(e) qui fait ses courses à ces endroits. Où ne vont-ils jamais? Où ne vont-ils plus? Justifiez toutes vos réponses. Utilisez des expressions négatives et affirmatives.

Modèle

Élève 1: *Vas-tu au cybercafé?*
Élève 2: *Non, je n'y vais pas parce que j'ai un ordinateur à la maison.*

Endroits	Noms
1. banque	
2. bijouterie	
3. boutique de vêtements	
4. cybercafé	
5. laverie	
6. marchand de journaux	
7. papeterie	
8. salon de beauté	

Nom ______________________ Date ______________________

Leçon 5A

Unité 5

Structures

Feuilles d'activités

5 **Content(e)** (student text, p. 207) Circulez dans la classe pour trouver une personne qui réponde oui et une qui réponde non à chaque question. Justifiez toutes vos réponses.

Modèle

Élève 1: *Est-ce que tu seras plus content(e) quand tu auras du temps libre?*
Élève 2: *Oui, je serai plus content(e) dès que j'aurai du temps libre, parce que je ferai plus souvent de la gym.*

Activités	Oui	Non
1. avoir du temps libre		
2. avoir des responsabilités		
3. avoir un travail intéressant		
4. gagner beaucoup d'argent		
5. se marier		
6. avoir cinq enfants		
7. pouvoir voyager		
8. aider les autres		
9. acheter une maison		
10. être utile à la société		

Nom ______________________ Date ______________________

Leçon 5A

Unité 5

Structures

5 **Enquête** (student text, p. 209) Circulez dans la classe et parlez à différents camarades pour trouver, pour chaque question, une personne qui réponde oui. Demandez des détails.

Modèle

Élève 1: Écoutes-tu de la musique?
Élève 2: Oui.
Élève 1: Laquelle aimes-tu?
Élève 2: J'écoute toujours de la musique classique.

Activités	Noms	Réponses
1. écouter de la musique		
2. avoir des passe-temps		
3. bien s'entendre avec des membres de sa famille		
4. s'intéresser aux livres		
5. travailler avec d'autres élèves		
6. aimer le cinéma		
7. souvent écrire à des amis		
8. faire beaucoup de sport		

Nom _______________ Date _______________

Leçon 7B

Unité 7

Contextes

5 **À la télévision et à la radio** (student text, p. 290) Remplissez d'abord la première colonne avec vos préférences pour chaque catégorie. Ensuite, comparez vos réponses avec celles d'un(e) camarade de classe.

Modèle

un dessin animé
Élève 1: *Quel est ton dessin animé préféré?*
Élève 2: *J'adore regarder les Simpsons.*

Programmes	Moi	Noms
1. un dessin animé		
2. une émission		
3. un feuilleton		
4. un jeu télévisé		
5. les informations		
6. un film policier		
7. la météo		
8. les variétés		

Nom ______________________ Date ______________________

Unité préliminaire

Leçon PA

Contextes

Élève 1

6 **Sept différences** (student text, p. 20) Vous et votre partenaire avez deux feuilles d'activités différentes avec l'illustration d'un appartement. Il y a sept différences entre les deux images. Comparez vos dessins et faites une liste de ces différences. Attention! Ne regardez pas la feuille de votre partenaire. Quel est le groupe le plus rapide (*the quickest*) de la classe?

Modèle

Élève 1: Dans mon appartement, il y a un lit. Il y a une lampe à côté du lit.
Élève 2: Dans mon appartement aussi, il y a un lit, mais il n'y a pas de lampe.

Info Gap Activities

Unité préliminaire

Leçon PA

Contextes

Élève 2

6 **Sept différences** (student text, p. 20) Vous et votre partenaire avez deux feuilles d'activités différentes avec l'illustration d'un appartement. Il y a sept différences entre les deux images. Comparez vos dessins et faites une liste de ces différences. Attention! Ne regardez pas la feuille de votre partenaire. Quel est le groupe le plus rapide (*the quickest*) de la classe?

Modèle

Élève 1: Dans mon appartement, il y a un lit. Il y a une lampe à côté du lit.
Élève 2: Dans mon appartement aussi, il y a un lit, mais il n'y a pas de lampe.

Nom ______________________ Date ______________________

Unité préliminaire

Leçon PB

Synthèse

Élève 1

6 **Élise fait sa lessive** (student text, p. 44) Vous et votre partenaire avez deux feuilles différentes avec des dessins représentant (*representing*) Élise et sa journée d'hier. Elle a récemment déménagé de chez ses parents et elle ne sait pas encore faire la lessive toute seule. Vous avez la moitié des dessins et votre partenaire a l'autre moitié. Employez le passé composé et l'imparfait pour compléter l'histoire d'Élise. Quand vous avez décrit tous les dessins, écrivez un texte sur l'histoire de la lessive d'Élise. Attention! Ne regardez pas la feuille de votre partenaire.

Modèle

Élève 1: Hier matin, Élise avait besoin de faire sa lessive.
Élève 2: Mais, elle...

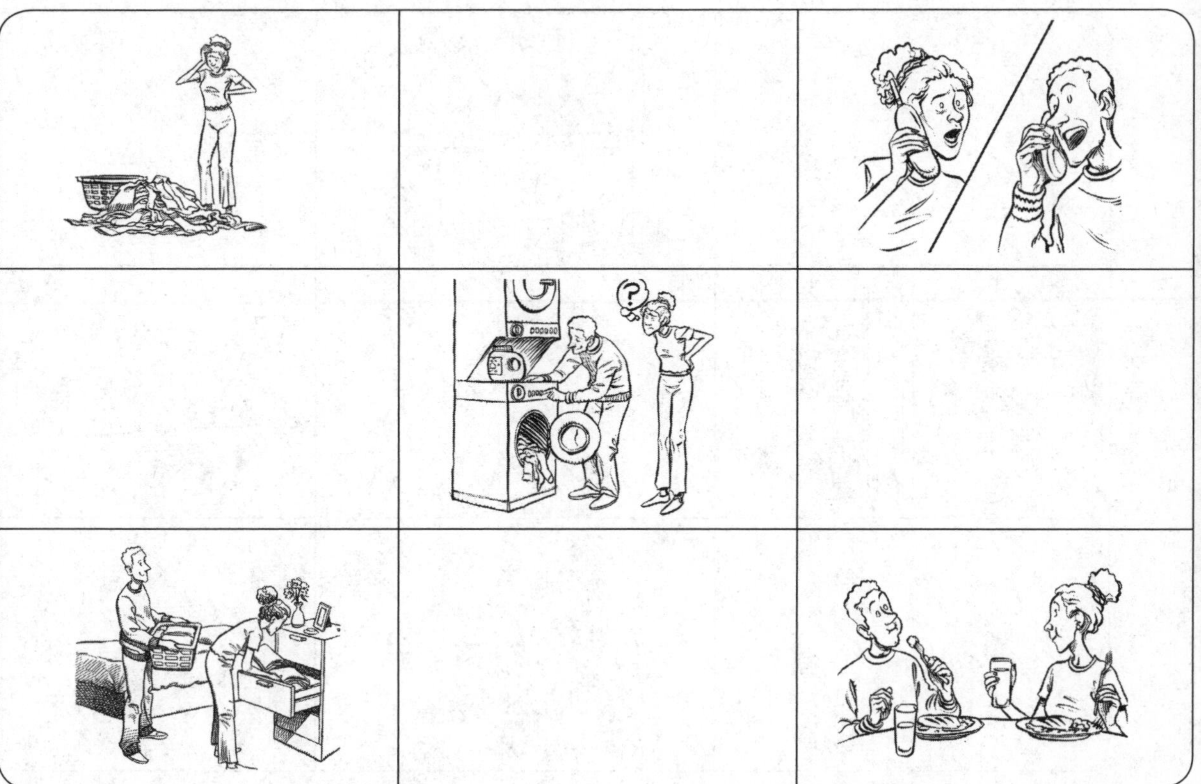

Maintenant, écrivez un texte sur Élise et sa lessive.

Hier matin, ... ______________________

____

____

____

____

____

Info Gap Activities

Nom ______________________ Date ______________________

Unité préliminaire

Leçon PB

Synthèse

Élève 2

6 **Élise fait sa lessive** (student text, p. 44) Vous et votre partenaire avez deux feuilles différentes avec des dessins représentant (*representing*) Élise et sa journée d'hier. Elle a récemment déménagé de chez ses parents et elle ne sait pas encore faire la lessive toute seule. Vous avez la moitié des dessins et votre partenaire a l'autre moitié. Employez le passé composé et l'imparfait pour compléter l'histoire d'Élise. Quand vous avez décrit tous les dessins, écrivez un texte sur l'histoire de la lessive d'Élise. Attention! Ne regardez pas la feuille de votre partenaire.

Modèle

Élève 1: *Hier matin, Élise avait besoin de faire sa lessive.*
Élève 2: *Mais, elle...*

Maintenant, écrivez un texte sur Élise et sa lessive.

Hier matin, ... ______________________

____

____

____

____

____

____

Info Gap Activities

Nom ______________________ Date ______________________

Unité 1 Leçon 1A

Synthèse

Élève 1

6 **Une journée bien occupée** (student text, p. 66) Vous et votre partenaire avez deux feuilles différentes sur les activités d'Alexandra. Votre partenaire a la moitié des illustrations et vous avez l'autre moitié. Discutez pour compléter l'histoire de ce qu'a fait Alexandra. Employez les verbes **devoir**, **vouloir** et **pouvoir**. Attention! Ne regardez pas la feuille de votre partenaire. Ensuite, préparez un texte par écrit pour raconter toute la journée d'Alexandra. Comparez votre texte au texte d'un autre groupe.

Modèle

Élève 1: *À quatre heures et demie, Alexandra a pu faire du jogging.*
Élève 2: *Après, à cinq heures, elle…*

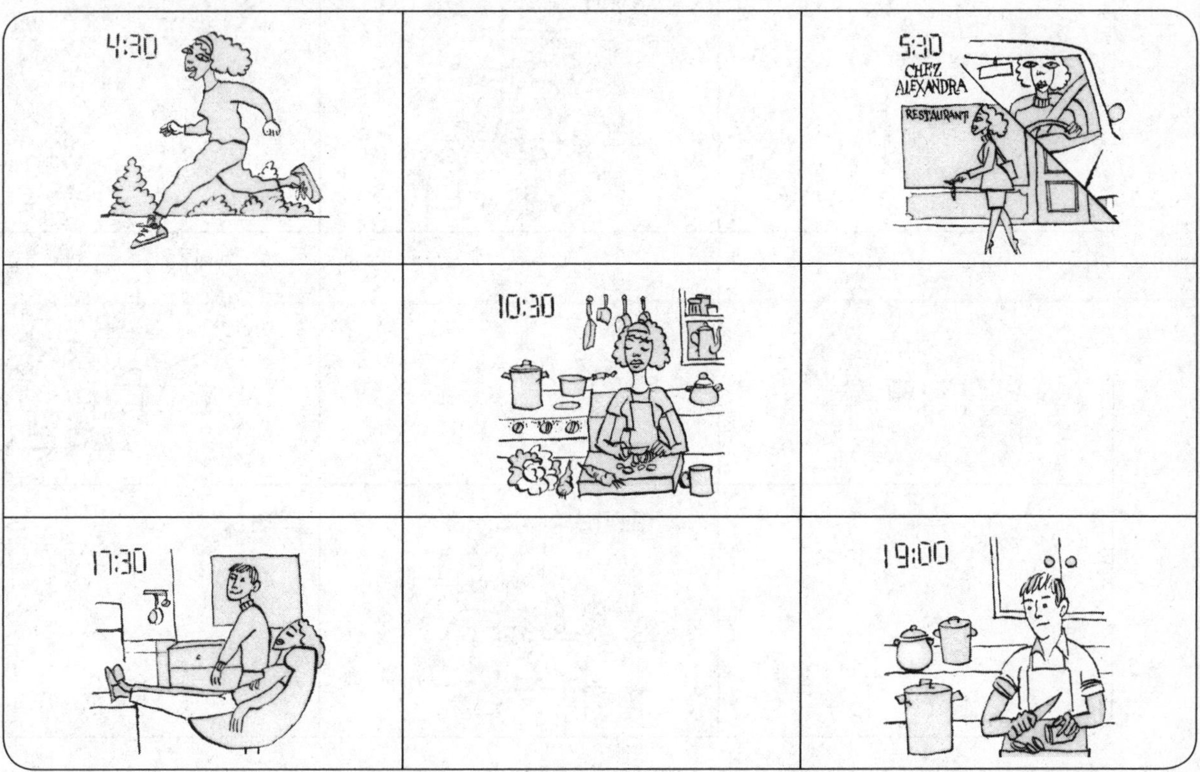

Maintenant, faites un résumé de la journée d'Alexandra.

À quatre heures et demie, Alexandra a pu faire du jogging. Après, à cinq heures, elle…

Info Gap Activities

Nom ______________________ Date ______________________

Unité 1 — Leçon 1A

Synthèse

Élève 2

6 **Une journée bien occupée** (student text, p. 66) Vous et votre partenaire avez deux feuilles différentes sur les activités d'Alexandra. Votre partenaire a la moitié des illustrations et vous avez l'autre moitié. Discutez pour compléter l'histoire de ce qu'a fait Alexandra. Employez les verbes **devoir, vouloir** et **pouvoir**. Attention! Ne regardez pas la feuille de votre partenaire. Ensuite, préparez un texte par écrit pour raconter toute la journée d'Alexandra. Comparez votre texte au texte d'un autre groupe.

Modèle

Élève 1: À quatre heures et demie, Alexandra a pu faire du jogging.
Élève 2: Après, à cinq heures, elle…

Maintenant, faites un résumé de la journée d'Alexandra.

À quatre heures et demie, Alexandra a pu faire du jogging. Après, à cinq heures, elle…

____

____

____

____

____

____

Info Gap Activities

Nom ____________________ Date ____________________

Unité 1 Leçon 1B

Contextes

Élève 1

5 **Sept différences** (student text, p. 70) Vous et votre partenaire avez deux feuilles d'activités différentes avec le dessin (*drawing*) d'un restaurant. Il y a sept différences entre les deux images. Sans regarder l'image de votre partenaire, comparez vos dessins et faites une liste de ces différences. Quel est le groupe le plus rapide de la classe?

Modèle

Élève 1: Dans mon restaurant, le serveur apporte du beurre à la table.
Élève 2: Dans mon restaurant aussi, on apporte du beurre à la table, mais c'est une serveuse, pas un serveur.

Info Gap Activities

Nom ______________________ Date ______________________

Unité 1 — Leçon 1B

Contextes

Élève 2

5 **Sept différences** (student text, p. 70) Vous et votre partenaire avez deux feuilles d'activités différentes avec le dessin (*drawing*) d'un restaurant. Il y a sept différences entre les deux images. Sans regarder l'image de votre partenaire, comparez vos dessins et faites une liste de ces différences. Quel est le groupe le plus rapide de la classe?

Modèle

Élève 1: Dans mon restaurant, le serveur apporte du beurre à la table.
Élève 2: Dans mon restaurant aussi, on apporte du beurre à la table, mais c'est une serveuse, pas un serveur.

Info Gap Activities

Nom ______________________ Date ______________________

Unité 1 — Leçon 1B

Synthèse

Élève 1

6 **Six différences** (student text, p. 80) Vous et votre partenaire avez deux feuilles d'activités différentes. Votre partenaire a la moitié des informations et vous avez l'autre moitié. Comparez les deux familles pour trouver les six différences. Attention! Ne regardez pas la feuille de votre partenaire. Après, écrivez des phrases en utilisant le comparatif.

Modèle

Élève 1: Fatiha est aussi grande que Samira.
Élève 2: Non, Fatiha est moins grande que Samira.

Maintenant, écrivez des phrases en utilisant le comparatif.

Fatiha est aussi grande que Samira.

____

____

____

____

____

____

____

Info Gap Activities

Nom ______________________ Date ______________________

Unité 1 Leçon 1B

Synthèse

Élève 2

6 **Six différences** (student text, p. 80) Vous et votre partenaire avez deux feuilles d'activités différentes. Votre partenaire a la moitié des informations et vous avez l'autre moitié. Comparez les deux familles pour trouver les six différences. Attention! Ne regardez pas la feuille de votre partenaire. Après, écrivez des phrases en utilisant le comparatif.

Modèle

Élève 1: Fatiha est aussi grande que Samira.
Élève 2: Non, Fatiha est moins grande que Samira.

Maintenant, écrivez des phrases en utilisant le comparatif.

Fatiha est moins grande que Samira.

Info Gap Activities

Nom ______________________ Date ______________________

Unité 2 Leçon 2A

Contextes

Élève 1

7 **Que fait-elle?** (student text, p. 92) Vous et votre partenaire avez deux feuilles d'activités différentes avec des illustrations de la routine quotidienne de Nadia. Vous avez la moitié des illustrations et votre partenaire a l'autre moitié. À tour de rôle, posez-vous des questions pour savoir ce que fait Nadia chaque soir et chaque matin. Attention! Ne regardez pas la feuille de votre partenaire. Quand vous avez fini, écrivez un texte pour expliquer la routine quotidienne de Nadia.

Modèle

Élève 1: À vingt-trois heures, Nadia se déshabille et met son pyjama. Que fait-elle ensuite?
Élève 2: Après, elle....

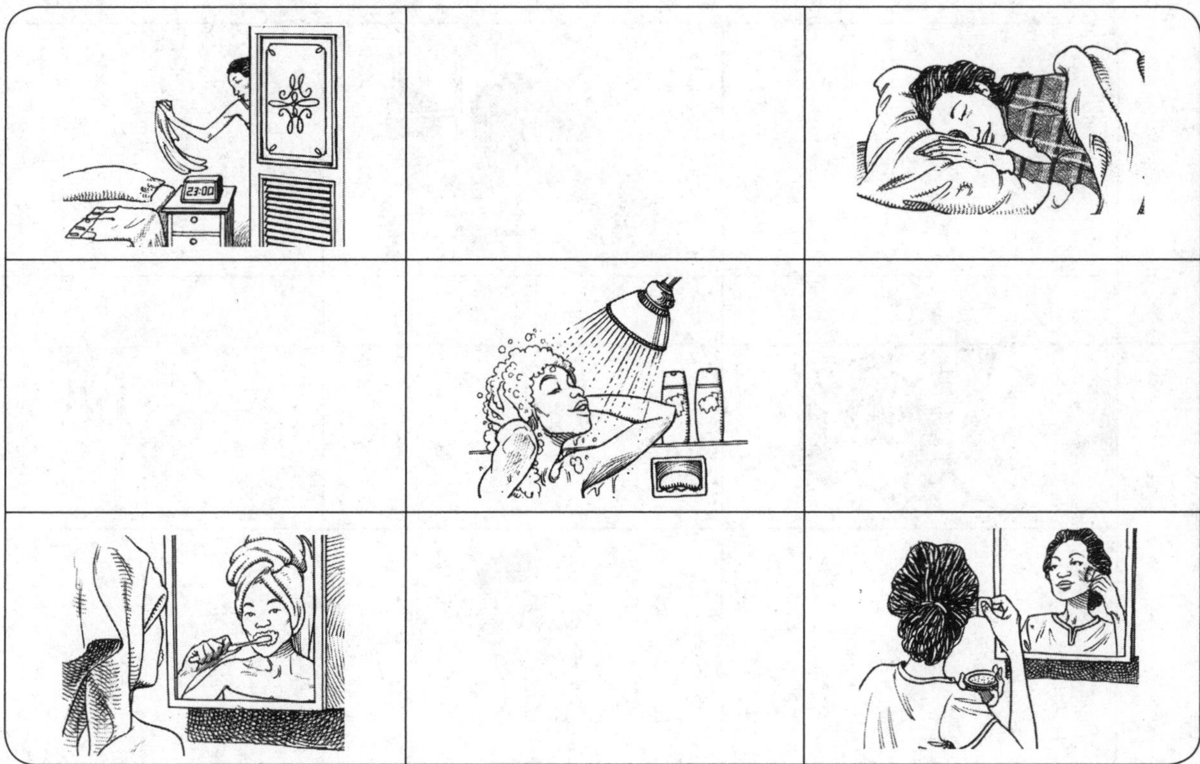

Maintenant, écrivez un texte pour expliquer ce que fait Nadia chaque soir et chaque matin.

____

____

____

____

____

____

Info Gap Activities

Unité 2

Leçon 2A

Contextes

Élève 2

7 **Que fait-elle?** (student text, p. 92) Vous et votre partenaire avez deux feuilles d'activités différentes avec des illustrations de la routine quotidienne de Nadia. Vous avez la moitié des illustrations et votre partenaire a l'autre moitié. À tour de rôle, posez-vous des questions pour savoir ce que fait Nadia chaque soir et chaque matin. Attention! Ne regardez pas la feuille de votre partenaire. Quand vous avez fini, écrivez un texte pour expliquer la routine quotidienne de Nadia.

Modèle

Élève 1: *À vingt-trois heures, Nadia se déshabille et met son pyjama. Que fait-elle ensuite?*
Élève 2: *Après, elle….*

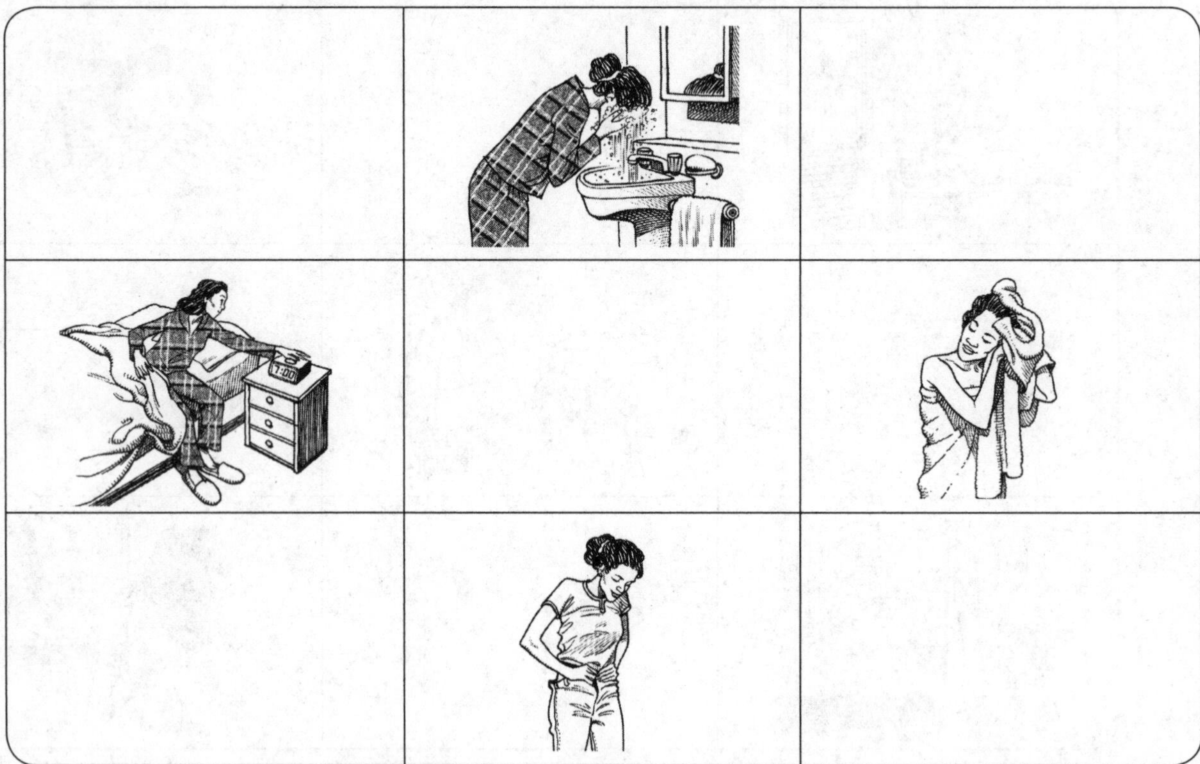

Maintenant, écrivez un texte pour expliquer ce que fait Nadia chaque soir et chaque matin.

______

______

______

______

______

______

Nom ______________________ Date ______________________

Unité 2 Leçon 2A

Synthèse

Élève 1

6 **La personnalité de Martin** (student text, p. 102) Vous et votre partenaire avez deux feuilles d'informations sur Martin. Vous voyez (*see*) les aspects positifs de sa personnalité et votre partenaire voit (*sees*) les aspects négatifs. À tour de rôle, décrivez vos illustrations à votre partenaire pour compléter la personnalité de Martin. Attention! Ne regardez pas la feuille de votre partenaire. Ensuite, faites une description par écrit de sa personnalité et décidez si vous aimeriez (*would like*) être amis avec Martin. Vous commencez.

Modèle

Élève 1: Martin s'habille élégamment.
Élève 2: Mais il s'ennuie le soir.

s'amuser	s'endormir	faire la cuisine	jouer	s'occuper
se brosser les dents	s'énerver	s'habiller	se mettre en colère	parler
se disputer	s'ennuyer			

Maintenant, écrivez des phrases sur la personnalité de Martin. Aimeriez-vous être amis avec Martin?

____

____

____

____

____

____

____

Info Gap Activities

Unité 2

Leçon 2A

Synthèse

Élève 2

6 **La personnalité de Martin** (student text, p. 102) Vous et votre partenaire avez deux feuilles d'informations sur Martin. Vous voyez (*see*) les aspects négatifs de sa personnalité et votre partenaire voit (*sees*) les aspects positifs. À tour de rôle, décrivez vos illustrations à votre partenaire pour compléter la personnalité de Martin. Attention! Ne regardez pas la feuille de votre partenaire. Ensuite, faites une description par écrit de sa personnalité et décidez si vous aimeriez (*would like*) être amis avec Martin.

Modèle

Élève 1: Martin s'habille élégamment.
Élève 2: Mais il s'ennuie le soir.

s'amuser	s'endormir	faire la cuisine	jouer	s'occuper
se brosser les dents	s'énerver	s'habiller	se mettre en colère	parler
se disputer	s'ennuyer			

Maintenant, écrivez des phrases sur la personnalité de Martin. Aimeriez-vous être amis avec Martin?

Nom ______________________ Date ______________________

Unité 2 — Leçon 2B

Synthèse

Élève 1

6 **La famille Valmont** (student text, p. 116) Vous et votre partenaire avez deux feuilles d'informations différentes sur la famille Valmont. Vous avez la moitié des informations et votre partenaire a l'autre moitié. Discutez de chaque membre de la famille avec votre partenaire pour trouver l'effet qui correspond à chaque cause. Attention! Ne regardez pas la feuille de votre partenaire. Quand vous avez toutes les informations, faites par écrit une description de leurs problèmes. Avez-vous ou avez-vous eu les mêmes (*same*) problèmes pour les mêmes raisons? Quel membre de la famille n'a pas de problèmes de santé?

Modèle

Élève 1: David jouait au baseball.
Élève 2: Voilà comment il s'est cassé le bras!

Causes

Effets

Maintenant, écrivez des phrases pour expliquer quel effet correspond à chaque cause. Qui n'a pas de problèmes de santé?

David jouait au baseball. Voilà comment il s'est cassé le bras!

Nom ______________________ Date ______________________

Unité 2 Leçon 2B

Synthèse

Élève 2

6 **La famille Valmont** (student text, p. 116) Vous et votre partenaire avez deux feuilles d'informations différentes sur la famille Valmont. Vous avez la moitié des informations et votre partenaire a l'autre moitié. Discutez de chaque membre de la famille avec votre partenaire pour trouver l'effet qui correspond à chaque cause. Attention! Ne regardez pas la feuille de votre partenaire. Quand vous avez toutes les informations, faites par écrit une description de leurs problèmes. Avez-vous ou avez-vous eu les mêmes (*same*) problèmes pour les mêmes raisons? Quel membre de la famille n'a pas de problèmes de santé?

Modèle

Élève 1: David jouait au baseball.
Élève 2: *Voilà comment il s'est cassé le bras!*

Causes

4. 
Anne-Laure

5. 
Marcel

6. 
Rose

Effets

D. 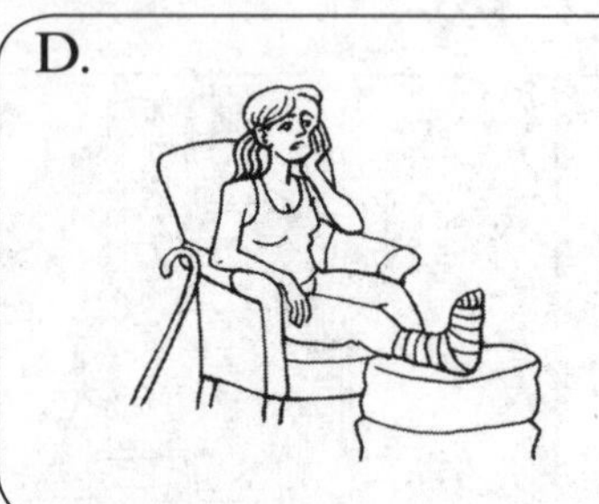

E. 

F. 

Maintenant, écrivez des phrases pour expliquer quel effet correspond à chaque cause. Qui n'a pas de problèmes de santé?

David jouait au baseball. Voilà comment il s'est cassé le bras!

___

___

___

___

___

___

___

Info Gap Activities

Nom ______________________ Date ______________________

Unité 3 Leçon 3A

Contextes

Élève 1

5 **Mots croisés** (student text, p. 128) Vous et votre partenaire avez deux grilles de mots croisés (*crossword puzzle*) incomplètes. Votre partenaire a les mots qui vous manquent, et vice versa. Donnez-lui une définition et des exemples pour compléter la grille. Attention! N'utilisez pas le mot recherché.

Modèle

Élève 1: Horizontalement (*Across*), le numéro 1, c'est ce que (*what*) tu fais pour mettre ton fichier Internet sur ton disque dur.
Élève 2: Télécharger!

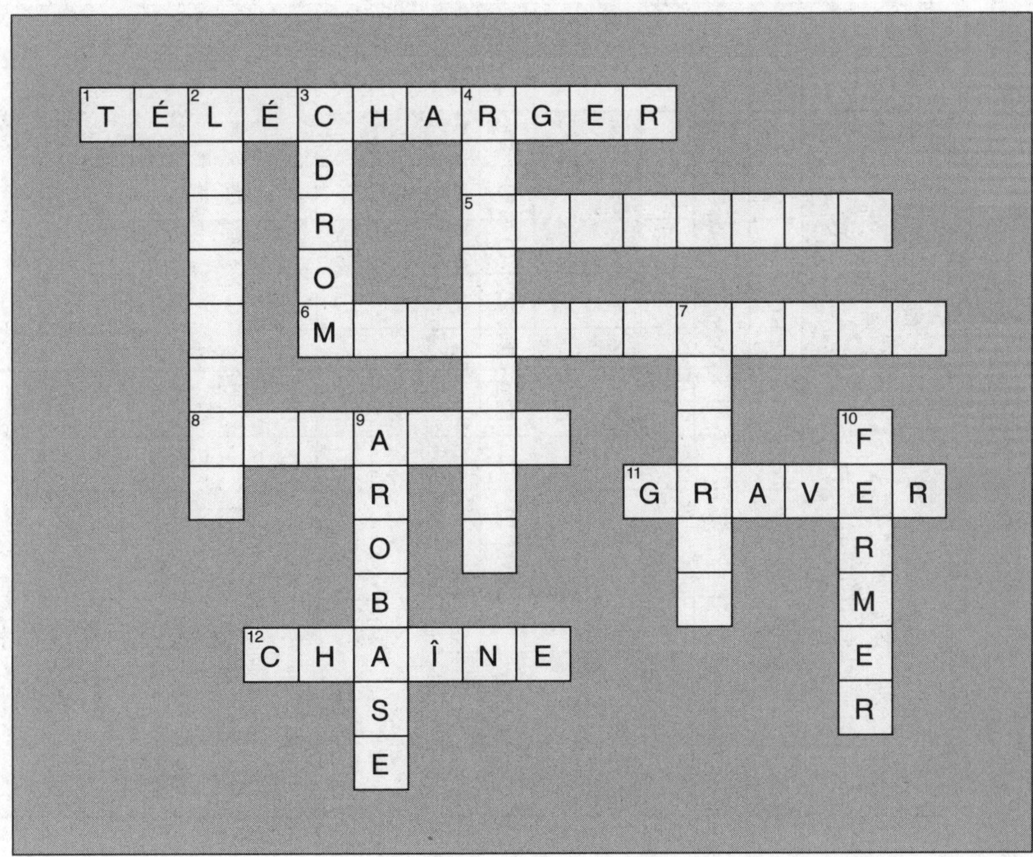

Info Gap Activities

Nom ______________________ Date ______________________

Unité 3 — Leçon 3A

Contextes

Élève 2

5 **Mots croisés** (student text, p. 128) Vous et votre partenaire avez deux grilles de mots croisés (*crossword puzzle*) incomplètes. Votre partenaire a les mots qui vous manquent, et vice versa. Donnez-lui une définition et des exemples pour compléter la grille. Attention! N'utilisez pas le mot recherché.

Modèle

Élève 1: Horizontalement (*Across*), le numéro 1, *c'est ce que* (*what*) tu fais pour mettre ton fichier Internet sur ton disque dur.

Élève 2: Télécharger!

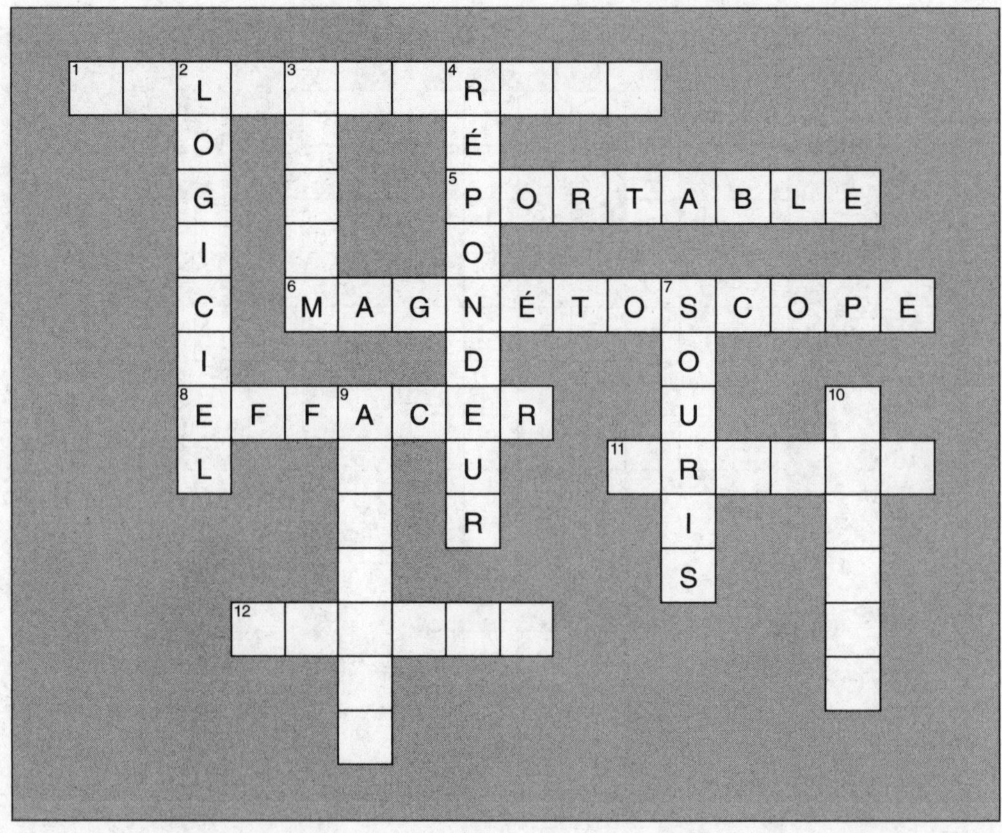

Unité 3 Leçon 3A

Synthèse

Élève 1

6 **Rencontre sur Internet** (student text, p. 138) Vous et votre partenaire avez deux feuilles d'illustrations différentes sur la rencontre sur Internet d'Amandine et de Christophe. Votre partenaire a la moitié des informations et vous avez l'autre moitié. Décrivez les illustrations et utilisez des verbes réciproques (*reciprocal verbs*) pour compléter cette histoire. Attention! Ne regardez pas la feuille de votre partenaire. Ensuite, écrivez l'histoire d'un couple que vous connaissez.

Modèle

Élève 1: Amandine et Christophe se sont rencontrés sur Internet.
Élève 2: Puis, ...

Maintenant, écrivez l'histoire d'un couple que vous connaissez. Comment se sont-ils rencontrés? Utilisez des verbes réciproques.

____

____

____

____

____

Nom ______________________ Date ______________________

Unité 3

Leçon 3A

Synthèse

Élève 2

6 **Rencontre sur Internet** (student text, p. 138) Vous et votre partenaire avez deux feuilles d'illustrations différentes sur la rencontre sur Internet d'Amandine et de Christophe. Votre partenaire a la moitié des informations et vous avez l'autre moitié. Décrivez les illustrations et utilisez des verbes réciproques (*reciprocal verbs*) pour compléter cette histoire. Attention! Ne regardez pas la feuille de votre partenaire. Ensuite, écrivez l'histoire d'un couple que vous connaissez.

Modèle

Élève 1: Amandine et Christophe se sont rencontrés sur Internet.
Élève 2: Puis, ...

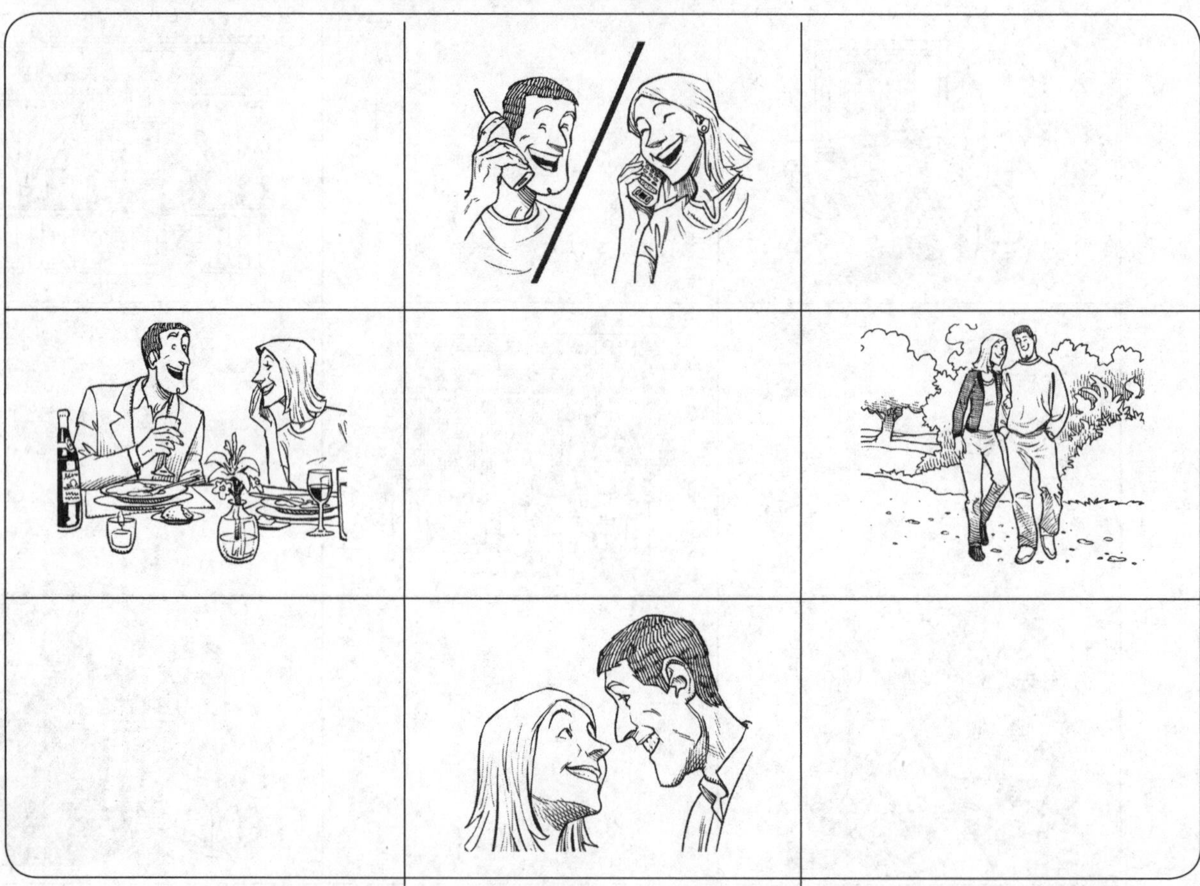

Maintenant, écrivez l'histoire d'un couple que vous connaissez. Comment se sont-ils rencontrés? Utilisez des verbes réciproques.

____

____

____

____

____

Info Gap Activities

Nom

Date

Unité 3

Leçon 3B

Contextes

Élève 1

5 **Sept différences** (student text, p. 142) Vous et votre partenaire avez deux feuilles d'activités différentes. Il y a sept différences entre les deux images de cette voiture. À tour de rôle, posez-vous des questions pour trouver les sept différences entre vos dessins. Attention! Ne regardez pas la feuille de votre partenaire.

Modèle

Élève 1: *Ma voiture est blanche. De quelle couleur est ta voiture?*
Élève 2: *Oh! Ma voiture est noire.*

Nom _______________ Date _______________

Unité 3 Leçon 3B

Contextes

Élève 2

5 **Sept différences** (student text, p. 142) Vous et votre partenaire avez deux feuilles d'activités différentes. Il y a sept différences entre les deux images de cette voiture. À tour de rôle, posez-vous des questions pour trouver les sept différences entre vos dessins. Attention! Ne regardez pas la feuille de votre partenaire.

Modèle

Élève 1: *Ma voiture est blanche. De quelle couleur est ta voiture?*
Élève 2: *Oh! Ma voiture est noire.*

Info Gap Activities

Unité 3

Leçon 3B

Synthèse

Élève 1

6 **Mots croisés** (student text, p. 152) Vous et votre partenaire avez deux grilles de mots croisés (*crossword puzzle*) incomplètes. Votre partenaire a les mots qui vous manquent, et vice versa. Donnez-lui une définition et des exemples pour compléter la grille. Attention! Ne regardez pas la feuille de votre partenaire. Utilisez le conditionnel dans vos définitions.

Modèle

Élève 1: Horizontalement, le numéro 1, tu les allumerais pour conduire la nuit.
Élève 2: Les phares!

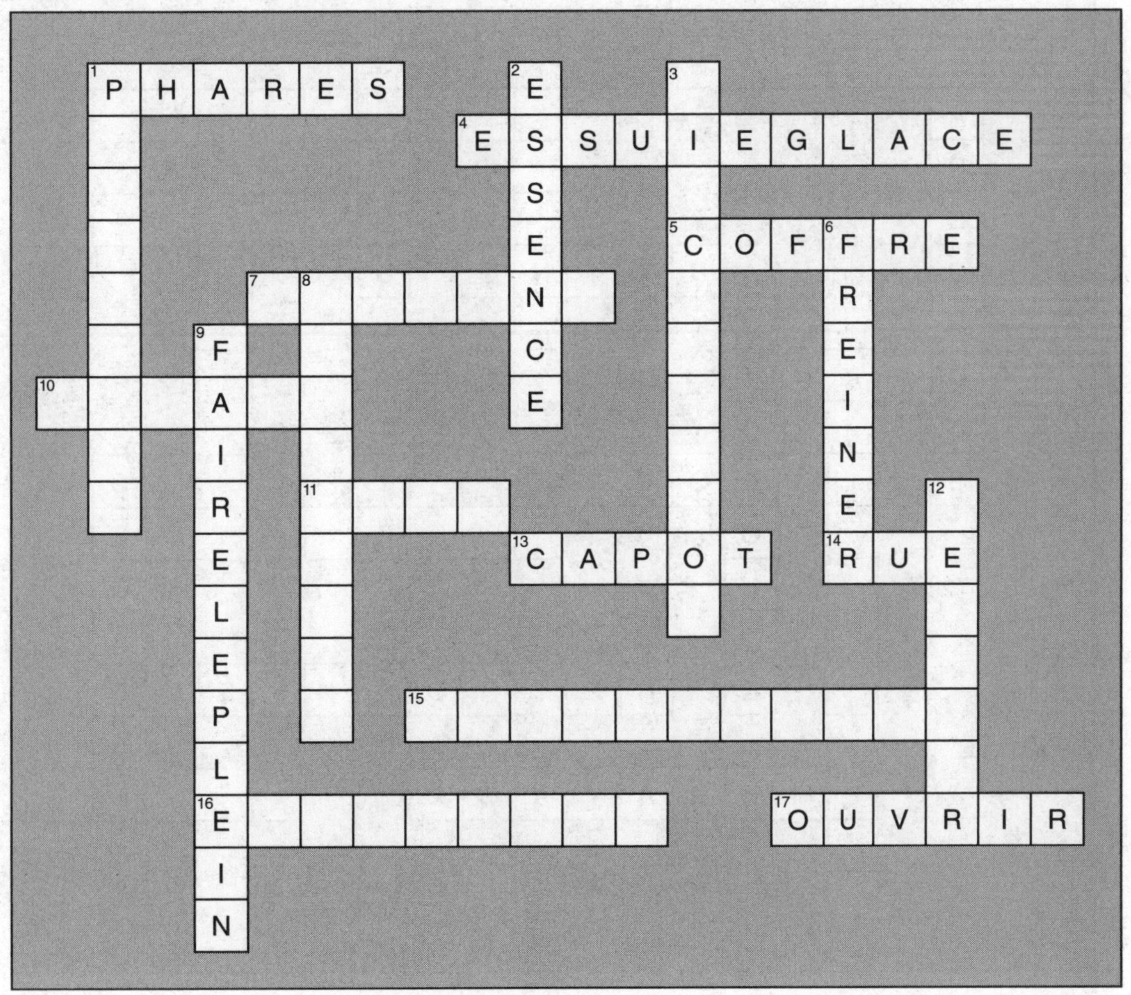

Unité 3 — Leçon 3B

Synthèse

Élève 2

6 **Mots croisés** (student text, p. 152) Vous et votre partenaire avez deux grilles de mots croisés (*crossword puzzle*) incomplètes. Votre partenaire a les mots qui vous manquent, et vice versa. Donnez-lui une définition et des exemples pour compléter la grille. Attention! Ne regardez pas la feuille de votre partenaire. Utilisez le conditionnel dans vos définitions.

Modèle

Élève 1: Horizontalement, le numéro 1, tu les allumerais pour conduire la nuit.
Élève 2: Les phares!

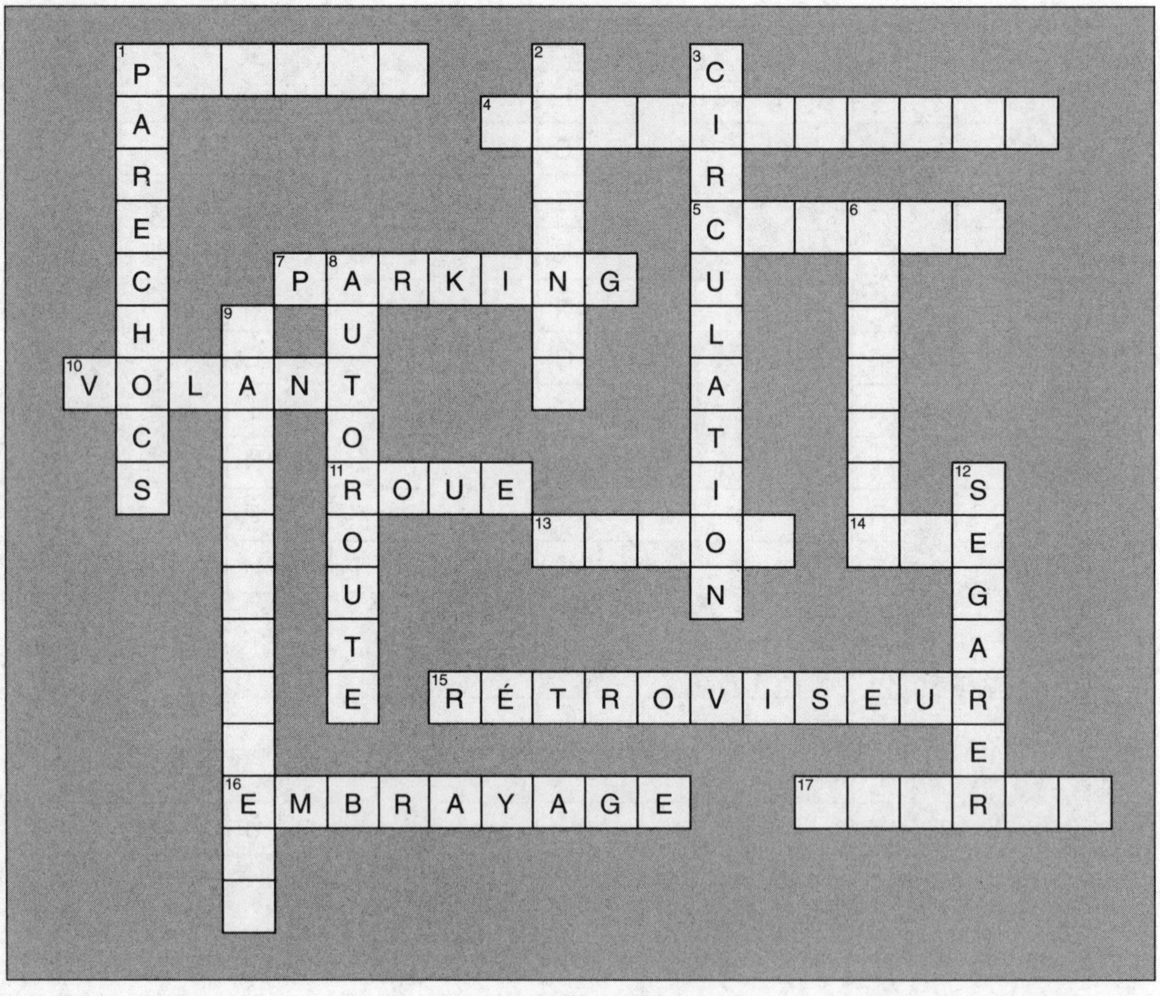

Info Gap Activities

Nom ____________________ Date ____________________

Unité 4 — Leçon 4A

Synthèse

Élève 1

6 **Dix ans plus tard** (student text, p. 174) Vous et votre partenaire avez deux plans différents d'une ville. Les deux plans ont dix ans d'écart (*are ten years apart*) et la ville a beaucoup changé. Comparez vos plans et trouvez sept différences. Employez des expressions négatives et affirmatives. N'utilisez pas toujours les mêmes expressions. Faites une liste des changements que vous avez trouvés. Attention! Ne regardez pas la feuille de votre partenaire. Ensuite, parlez de la ville où vous êtes né(e). Qu'est-ce qui a changé pendant les dix dernières années?

Modèle

Élève 1: *Il y a dix ans, la laverie avait beaucoup de clients.*
Élève 2: *Aujourd'hui, il n'y a personne dans la laverie.*

Maintenant, parlez de la ville où vous êtes né(e). Qu'est-ce qui a changé pendant les dix dernières années?

____

____

____

____

____

Info Gap Activities

Nom ______________________ Date ______________________

Unité 4 — Leçon 4A

Synthèse

Élève 2

6 **Dix ans plus tard** (student text, p. 174) Vous et votre partenaire avez deux plans différents d'une ville. Les deux plans ont dix ans d'écart (*are ten years apart*) et la ville a beaucoup changé. Comparez vos plans et trouvez sept différences. Employez des expressions négatives et affirmatives. N'utilisez pas toujours les mêmes expressions. Faites une liste des changements que vous avez trouvés. Attention! Ne regardez pas la feuille de votre partenaire. Ensuite, parlez de la ville où vous êtes né(e). Qu'est-ce qui a changé pendant les dix dernières années?

Modèle

Élève 1: Il y a dix ans, la laverie avait beaucoup de clients.
Élève 2: Aujourd'hui, il n'y a personne dans la laverie.

Maintenant, parlez de la ville où vous êtes né(e). Qu'est-ce qui a changé pendant les dix dernières années?

____

____

____

____

____

____

Info Gap Activities

Nom ____________________ Date ____________________

Unité 4

Leçon 4B

Synthèse

Élève 1

6 **La vie de Gaëlle et de Marc** (student text, p. 188) Vous et votre partenaire avez deux feuilles d'activités différentes sur l'avenir de Gaëlle et de Marc. Vous avez la moitié des informations et votre partenaire a l'autre moitié. Discutez et utilisez le futur pour compléter l'histoire de leur vie. Attention! Ne regardez pas la feuille de votre partenaire. Quand vous avez tous les renseignements (*information*), écrivez un résumé de leur histoire au futur.

Modèle

Élève 1: Marc et Gaëlle finiront leurs études au lycée.
Élève 2: Ensuite, …

Maintenant faites un résumé de leur histoire.

____

____

____

____

____

____

Info Gap Activities

Nom ____________________ Date ____________________

Unité 4

Leçon 4B

Synthèse

Élève 2

6 **La vie de Gaëlle et de Marc** (student text, p. 188) Vous et votre partenaire avez deux feuilles d'activités différentes sur l'avenir de Gaëlle et de Marc. Vous avez la moitié des informations et votre partenaire a l'autre moitié. Discutez et utilisez le futur pour compléter l'histoire de leur vie. Attention! Ne regardez pas la feuille de votre partenaire. Quand vous avez tous les renseignements (*information*), écrivez un résumé de leur histoire au futur.

Modèle

Élève 1: *Marc et Gaëlle finiront leurs études au lycée.*
Élève 2: *Ensuite, ...*

Maintenant faites un résumé de leur histoire.

____

____

____

____

____

____

Info Gap Activities

Nom ______________________ Date ______________________

Unité 5 — Leçon 5A

Synthèse

Élève 1

6 **Quand nous chercherons du travail...** (student text, p. 210) Vous et votre partenaire avez deux feuilles d'activités différentes qui contiennent toutes les deux la moitié d'une liste d'étapes pour chercher un travail. D'abord, discutez pour trouver toutes les étapes et les mettre dans l'ordre. Attention! Ne regardez pas la feuille de votre partenaire. Puis, utilisez **quand** ou **dès que** pour dire ce que vous ferez quand vous chercherez du travail.

Modèle

Élève 1: Moi, j'ai *prendre un rendez-vous avec le chef du personnel* en premier. Qu'est-ce que tu as?

Élève 2: J'ai *identifier des entreprises*. Ça va avant *prendre un rendez-vous*.

____ *prendre un rendez-vous avec le chef du personnel*

____ ____________________

____ *négocier un salaire*

____ ____________________

1 *lire les annonces*

____ ____________________

____ *envoyer une lettre de motivation et un CV*

____ ____________________

____ *envoyer une lettre de remerciement (thank you letter)*

____ ____________________

Maintenant, utilisez **quand** et **dès que** avec ces étapes pour dire ce que vous ferez quand vous chercherez du travail.

Quand nous chercherons du travail, nous lirons les annonces. Dès que nous lirons les annonces, nous identifierons des entreprises.

Info Gap Activities

Nom ______________________ Date ______________________

Unité 5 — Leçon 5A

Synthèse

Élève 2

6 **Quand nous chercherons du travail...** (student text, p. 210) Vous et votre partenaire avez deux feuilles d'activités différentes qui contiennent toutes les deux la moitié d'une liste d'étapes pour chercher un travail. D'abord, discutez pour trouver toutes les étapes et les mettre dans l'ordre. Attention! Ne regardez pas la feuille de votre partenaire. Puis, utilisez **quand** ou **dès que** pour dire ce que vous ferez quand vous chercherez du travail.

Modèle

Élève 1: Moi, j'ai *prendre un rendez-vous avec le chef du personnel* en premier. Qu'est-ce que tu as?

Élève 2: J'ai *identifier des entreprises.* Ça va avant *prendre un rendez-vous.*

2 *identifier des entreprises*

___ ______________________

___ *téléphoner à l'entreprise*

___ ______________________

___ *passer un entretien*

___ ______________________

___ *obtenir un poste*

___ ______________________

___ *signer un contrat*

___ ______________________

Maintenant, utilisez **quand** et **dès que** avec ces étapes pour dire ce que vous ferez quand vous chercherez du travail.

Quand nous chercherons du travail, nous lirons les annonces. Dès que nous lirons les annonces, nous identifierons des entreprises.

Info Gap Activities

Nom ______________________ Date ______________________

Unité 5 Leçon 5B

Contextes

Élève 1

6 **Décrivez** (student text, p. 216) Vous et votre partenaire avez deux feuilles d'activités différentes avec des dessins de personnes qui font leur métier. Vous avez la moitié des illustrations et votre partenaire a l'autre moitié. À tour de rôle, posez-vous des questions pour trouver ce que font les personnages de chaque profession pendant la journée.

Modèle

Élève 1: Sur mon dessin, j'ai un plombier qui répare une fuite (*leak*) d'eau sous un évier.
Élève 2: Moi, j'ai un homme…

Maintenant, écrivez ce que fait la personne sur chaque illustration.

Un plombier répare une fuite d'eau sous un évier.

____

____

____

____

____

Info Gap Activities

Nom ______________________ Date ______________________

Unité 5 — Leçon 5B

Contextes

Élève 2

6 **Décrivez** (student text, p. 216) Vous et votre partenaire avez deux feuilles d'activités différentes avec des dessins de personnes qui font leur métier. Vous avez la moitié des illustrations et votre partenaire a l'autre moitié. À tour de rôle, posez-vous des questions pour trouver ce que font les personnages de chaque profession pendant la journée.

Modèle

Élève 1: Sur mon dessin, j'ai un plombier qui répare une fuite (*leak*) d'eau sous un évier.
Élève 2: Moi, j'ai un homme…

Maintenant, écrivez ce que fait la personne sur chaque illustration.

Un plombier répare une fuite d'eau sous un évier.

____

____

____

____

____

Info Gap Activities

Nom ______________________ Date ______________________

Unité 6 — Leçon 6A

Synthèse

Élève 1

6 **Non, Solange!** (student text, p. 248) Vous et votre partenaire avez deux feuilles d'activités différentes sur les mauvaises habitudes de Solange et leurs solutions. Vous avez la moitié des informations et votre partenaire a l'autre moitié. Discutez pour trouver la solution qui va avec chaque mauvaise habitude de Solange. Que Solange ne doit-elle plus faire? Que devrait-elle plutôt faire? Utilisez les expressions impersonnelles et le subjonctif des verbes donnés pour compléter cette activité. Attention! Ne regardez pas la feuille de votre partenaire. Vous commencez. Quand vous avez fini, écrivez des phrases pour dire ce que Solange doit et ne doit plus faire.

Modèle

Élève 1: *Il est dommage que Solange conduise une voiture qui pollue.*
Élève 2: *Il faut qu'elle conduise une voiture plus écologique.*

Vocabulaire utile

allumer	essayer	gaspiller	manger	polluer	recycler
conduire	éteindre	fermer	mettre	prendre	réduire

Mauvaises habitudes

Solutions

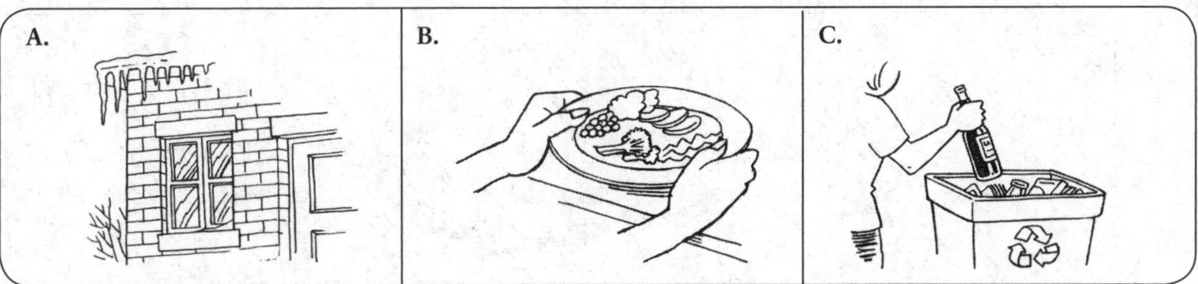

Maintenant, écrivez des phrases pour dire ce que Solange doit et ne doit plus faire.

Il est dommage que Solange conduise une voiture qui pollue. Il faut qu'elle conduise une voiture plus écologique.

____

____

____

____

Info Gap Activities

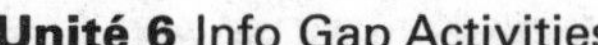

Unité 6 — Leçon 6A

Synthèse

Élève 2

6 **Non, Solange!** (student text, p. 248) Vous et votre partenaire avez deux feuilles d'activités différentes sur les mauvaises habitudes de Solange et leurs solutions. Vous avez la moitié des informations et votre partenaire a l'autre moitié. Discutez pour trouver la solution qui va avec chaque mauvaise habitude de Solange. Que Solange ne doit-elle plus faire? Que devrait-elle plutôt faire? Utilisez les expressions impersonnelles et le subjonctif des verbes donnés pour compléter cette activité. Attention! Ne regardez pas la feuille de votre partenaire. Votre partenaire commence. Quand vous avez fini, écrivez des phrases pour dire ce que Solange doit et ne doit plus faire.

Modèle

Élève 1: *Il est dommage que Solange conduise une voiture qui pollue.*
Élève 2: *Il faut qu'elle conduise une voiture plus écologique.*

Vocabulaire utile

allumer	essayer	gaspiller	manger	polluer	recycler
conduire	éteindre	fermer	mettre	prendre	réduire

Mauvaises habitudes

4. 5. 6.

Solutions

D. E. F.

Maintenant, écrivez des phrases pour dire ce que Solange doit et ne doit plus faire.

Il est dommage que Solange conduise une voiture qui pollue. Il faut qu'elle conduise une voiture plus écologique.

Nom ______________________ Date ______________________

Unité 6 — Leçon 6B

Synthèse

Élève 1

6 **La maman de Carine** (student text, p. 262) Vous et votre partenaire avez deux feuilles d'activités différentes sur Carine et sa mère. Vous avez la moitié des informations et votre partenaire a l'autre moitié. La mère de Carine lui donne des conseils ou lui demande de faire des choses. Discutez pour compléter vos informations et utilisez les verbes donnés pour décrire les réactions ou désirs de la mère de Carine. Attention! Ne regardez pas la feuille de votre partenaire. Vous commencez. Quand vous avez complété les informations, discutez de votre propre (*own*) expérience. Qu'est-ce que vos parents demandent que vous fassiez?

Modèle

Élève 1: *Si Carine prend l'avion, ...*
Élève 2: *... sa mère veut qu'elle l'appelle de l'aéroport.*

aimer que	préférer que
demander que	recommander que
désirer que	souhaiter que
exiger que	vouloir que

Actions de Carine

1.  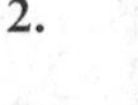

2. 

3. 

Réactions de sa mère

A. 

B. 

C. 

Maintenant, écrivez six phrases basées sur les illustrations de Carine et de sa mère.

Si Carine prend l'avion, sa mère veut qu'elle l'appelle de l'aéroport.

____

____

____

____

____

Info Gap Activities

Nom ____________________ Date ____________________

Unité 6

Leçon 6B

Synthèse

Élève 2

6 **La maman de Carine** (student text, p. 262) Vous et votre partenaire avez deux feuilles d'activités différentes sur Carine et sa mère. Vous avez la moitié des informations et votre partenaire a l'autre moitié. La mère de Carine lui donne des conseils ou lui demande de faire des choses. Discutez pour compléter vos informations et utilisez les verbes donnés pour décrire les réactions ou désirs de la mère de Carine. Attention! Ne regardez pas la feuille de votre partenaire. Votre partenaire commence. Quand vous avez complété les informations, discutez de votre propre (*own*) expérience. Qu'est-ce que vos parents demandent que vous fassiez?

Modèle

Élève 1: *Si Carine prend l'avion, ...*
Élève 2: *... sa mère veut qu'elle l'appelle de l'aéroport.*

aimer que	préférer que
demander que	recommander que
désirer que	souhaiter que
exiger que	vouloir que

Actions de Carine

4. 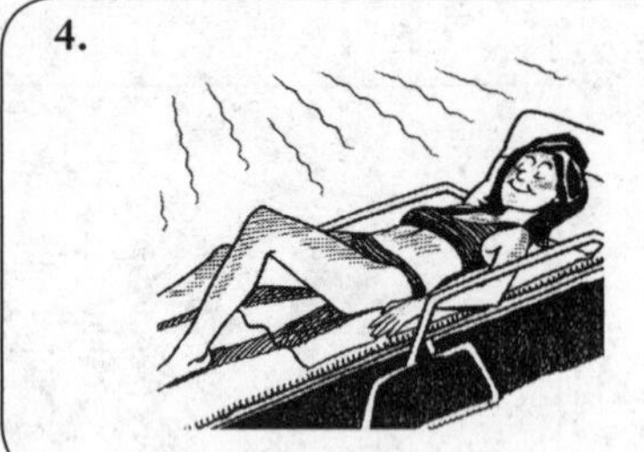 

5. 

6. 

Réactions de sa mère

D. 

E. 

F. 

Maintenant, écrivez six phrases basées sur les illustrations de Carine et de sa mère.

Si Carine prend l'avion, sa mère veut qu'elle l'appelle de l'aéroport.

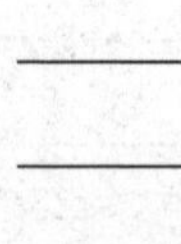
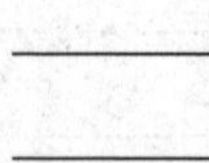
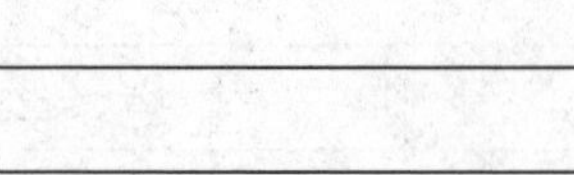
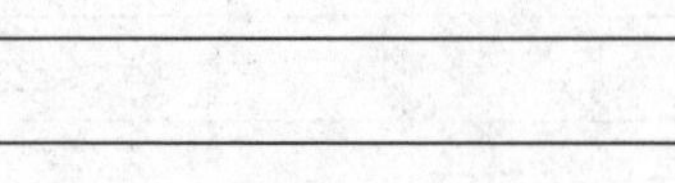

Info Gap Activities

Unité 7 — Leçon 7A

Contextes

Élève 1

6 **Les sorties** (student text, p. 274) Vous avez une feuille d'activités, et votre partenaire aussi. Vous êtes un(e) employé(e) d'une agence de spectacles et votre partenaire est un(e) touriste qui désire savoir quels sont les différents spectacles offerts en ville et en banlieue pendant le week-end. Expliquez les options à votre partenaire et répondez à ses questions. Attention! Ne regardez pas la feuille de votre partenaire. Notez le budget et les préférences de votre partenaire et considérez-les quand vous recommandez des activités.

Modèle

Élève 2: Bonjour. J'aimerais voir quelques spectacles ce week-end. Pourriez-vous me dire quels sont les spectacles proposés?

Élève 1: Bien sûr! Eh bien, vendredi soir…

Les sorties ce week-end

VENDREDI SOIR

Concert de jazz, Le Trio Sympathique, centre-ville, 16,50 €
Comédie musicale, *Notre Dame de Paris*, centre-ville, 28 €
Danse, Mouvement Contemporain, banlieue, 5 €
Théâtre, *Le Malade imaginaire*, banlieue, 18 €

SAMEDI SOIR

Danse, Ballet de l'Opéra, centre-ville, 25,50 €
Opéra, *Carmen*, centre-ville, 33 €
Dîner & théâtre, *Un Air de famille*, centre-ville, 29,50 €
Concert, Les Violons du roi, banlieue, 12 €

DIMANCHE APRÈS-MIDI

Opéra, *Le Mariage de Figaro*, centre-ville, 18 €
Concert de jazz, Rendez-vous avec Count Basie, centre-ville, 14 €
Comédie musicale, *Le Petit Prince*, banlieue, 17,50 €
Danse, Hip-Hop Géométrique, banlieue, 10 €

Les préférences du/de la touriste 2

____

____

Le budget du/de la touriste 2

vendredi: _______________

samedi: _______________

dimanche: _______________

Unité 7 — Leçon 7A

Contextes

Élève 2

6 **Les sorties** (student text, p. 274) Vous avez une feuille d'activités, et votre partenaire aussi. Votre partenaire est un(e) employé(e) d'une agence de spectacles et vous êtes un(e) touriste qui désire savoir quels sont les différents spectacles offerts en ville et en banlieue pendant le week-end. Donnez à votre partenaire votre budget et vos préférences, et posez-lui des questions pour choisir les activités que vous allez pratiquer. Attention! Ne regardez pas la feuille de votre partenaire. Prenez des notes si c'est nécessaire, et notez vos choix dans les espaces indiqués.

Modèle

Élève 2: *Bonjour. J'aimerais voir quelques spectacles ce week-end. Pourriez-vous me dire quels sont les spectacles proposés?*
Élève 1: *Bien sûr! Eh bien, vendredi soir…*

Les sorties ce week-end

Préférences et budget

Adore: les comédies musicales, le théâtre, l'opéra

Préfère: le théâtre au jazz, le jazz à la danse

Déteste: la danse classique, le violon

Budget: vendredi 20 €; samedi 30 €; dimanche 18 €

Notes

Type de spectacle	Nom	Banlieue ou centre-ville	Jour	Prix
			vendredi	______ €
			vendredi	______ €
			vendredi	______ €
			vendredi	______ €
			samedi	______ €
			samedi	______ €
			samedi	______ €
			samedi	______ €
			dimanche	______ €
			dimanche	______ €
			dimanche	______ €
			dimanche	______ €

Choix

Vendredi: _______________

Samedi: _______________

Dimanche: _______________

Nom ____________________ Date ____________________

Unité 7 — Leçon 7A

Synthèse

Élève 1

3 **Les arts** (student text, p. 284) Vous et votre partenaire avez deux feuilles d'activités différentes sur les arts. Vous avez reçu un e-mail de votre ami, Samir. Il a besoin d'aide. Lisez l'e-mail et expliquez les problèmes de votre ami à votre partenaire avec vos propres (*own*) mots. Puis, demandez l'opinion de votre partenaire sur ces problèmes. Préparez ensemble une réponse pour rassurer et aider votre ami. Votre partenaire commence. Aidez Matthieu, l'ami de votre partenaire.

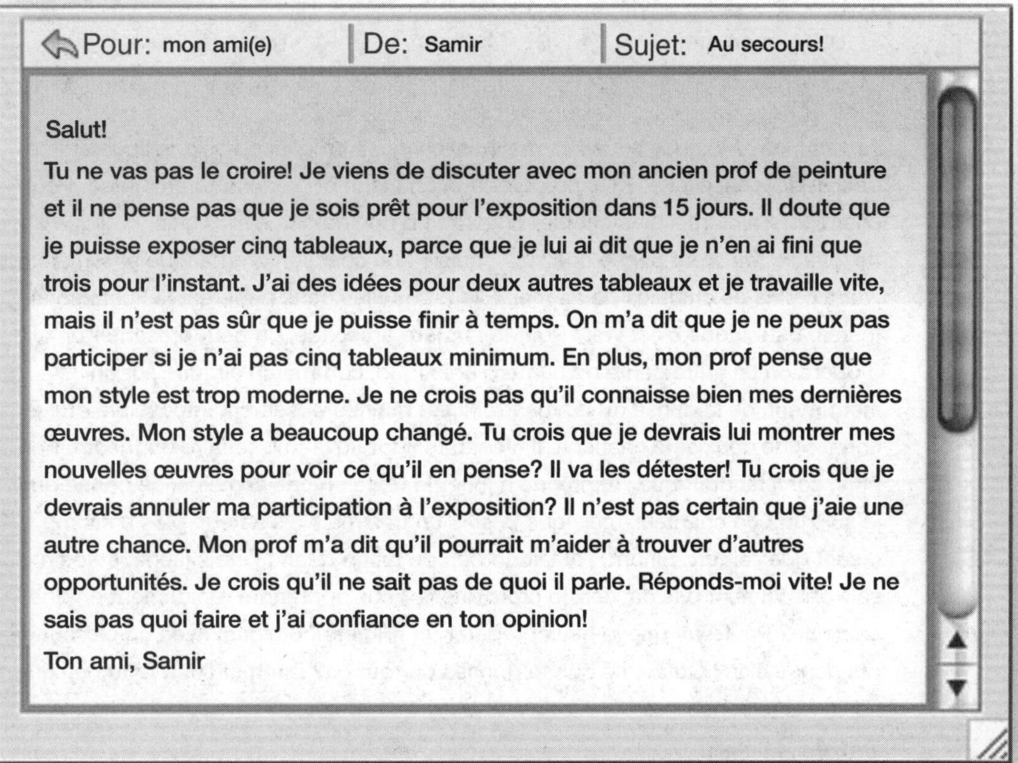

Pour: mon ami(e) | De: Samir | Sujet: Au secours!

Salut!

Tu ne vas pas le croire! Je viens de discuter avec mon ancien prof de peinture et il ne pense pas que je sois prêt pour l'exposition dans 15 jours. Il doute que je puisse exposer cinq tableaux, parce que je lui ai dit que je n'en ai fini que trois pour l'instant. J'ai des idées pour deux autres tableaux et je travaille vite, mais il n'est pas sûr que je puisse finir à temps. On m'a dit que je ne peux pas participer si je n'ai pas cinq tableaux minimum. En plus, mon prof pense que mon style est trop moderne. Je ne crois pas qu'il connaisse bien mes dernières œuvres. Mon style a beaucoup changé. Tu crois que je devrais lui montrer mes nouvelles œuvres pour voir ce qu'il en pense? Il va les détester! Tu crois que je devrais annuler ma participation à l'exposition? Il n'est pas certain que j'aie une autre chance. Mon prof m'a dit qu'il pourrait m'aider à trouver d'autres opportunités. Je crois qu'il ne sait pas de quoi il parle. Réponds-moi vite! Je ne sais pas quoi faire et j'ai confiance en ton opinion!

Ton ami, Samir

Maintenant, répondez à l'e-mail de Samir avec vos suggestions et celles de votre partenaire. Utilisez votre imagination.

____

____

____

____

____

____

____

____

____

____

Unité 7

Leçon 7A

Synthèse

Élève 2

3 **Les arts** (student text, p. 284) Vous et votre partenaire avez deux feuilles d'activités différentes sur les arts. Vous avez reçu un e-mail de votre ami, Matthieu. Il a besoin d'aide. Lisez l'e-mail et expliquez les problèmes de votre ami à votre partenaire avec vos propres (*own*) mots. Puis, demandez l'opinion de votre partenaire sur ces problèmes. Préparez ensemble une réponse pour rassurer et aider votre ami. Vous commencez. Aidez ensuite Samir, l'ami de votre partenaire.

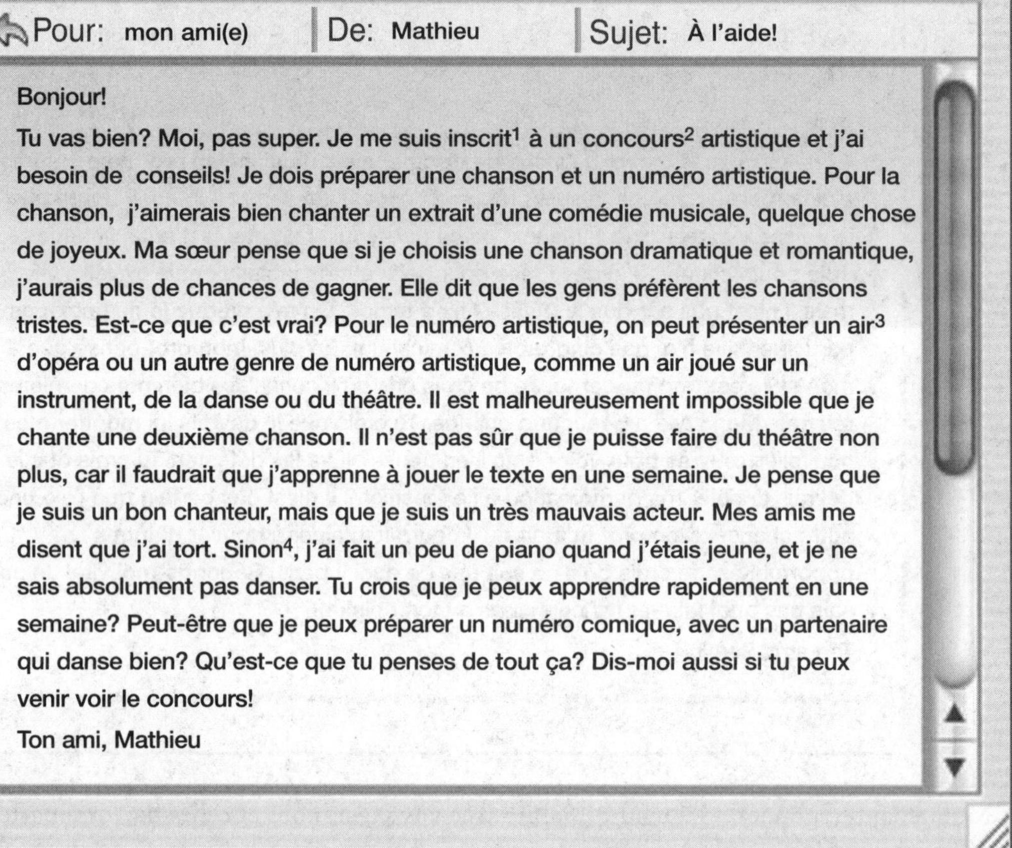

Pour: mon ami(e) | De: Mathieu | Sujet: À l'aide!

Bonjour!

Tu vas bien? Moi, pas super. Je me suis inscrit[1] à un concours[2] artistique et j'ai besoin de conseils! Je dois préparer une chanson et un numéro artistique. Pour la chanson, j'aimerais bien chanter un extrait d'une comédie musicale, quelque chose de joyeux. Ma sœur pense que si je choisis une chanson dramatique et romantique, j'aurais plus de chances de gagner. Elle dit que les gens préfèrent les chansons tristes. Est-ce que c'est vrai? Pour le numéro artistique, on peut présenter un air[3] d'opéra ou un autre genre de numéro artistique, comme un air joué sur un instrument, de la danse ou du théâtre. Il est malheureusement impossible que je chante une deuxième chanson. Il n'est pas sûr que je puisse faire du théâtre non plus, car il faudrait que j'apprenne à jouer le texte en une semaine. Je pense que je suis un bon chanteur, mais que je suis un très mauvais acteur. Mes amis me disent que j'ai tort. Sinon[4], j'ai fait un peu de piano quand j'étais jeune, et je ne sais absolument pas danser. Tu crois que je peux apprendre rapidement en une semaine? Peut-être que je peux préparer un numéro comique, avec un partenaire qui danse bien? Qu'est-ce que tu penses de tout ça? Dis-moi aussi si tu peux venir voir le concours!

Ton ami, Mathieu

[1]*registered* [2]*competition* [3]*aria* [4]*Otherwise*

Maintenant, répondez à l'e-mail de Matthieu avec vos suggestions et celles de votre partenaire. Utilisez votre imagination.

____

____

____

____

____

____

____

____

Nom ______________________ Date ______________________

Unité 7

Leçon 7B

Synthèse

Élève 1

5 **Au Louvre** (student text, p. 300) Votre professeur est fanatique du livre *Da Vinci Code*. Vous et votre partenaire êtes en vacances à Paris et il y a une exposition spéciale des œuvres de Léonard de Vinci au musée du Louvre. Votre professeur vous a demandé de prendre des photos des endroits et des œuvres spécifiques, et vous a donné une liste, organisée par priorité, de ses préférences. Vous avez cette liste et votre partenaire a un plan du musée. Malheureusement, vous n'avez que deux heures et ne pouvez donc prendre que cinq photos. Discutez de la liste et du plan pour déterminer où se trouvent les œuvres et les endroits. Décidez quels sont les cinq œuvres ou endroits que vous pourrez visiter dans les deux heures. Attention, le musée du Louvre est l'un des plus grands musées du monde.

Modèle

Élève 1: Le tableau qu'elle préfère, c'est *la Joconde*. Où est-elle? Est-il possible que nous puissions la voir?

Élève 2: Oui. *La Joconde* se trouve au premier étage. Il est certain que nous pourrons la voir.

Les préférences du prof, par ordre de priorité:

1. la Joconde (Mona Lisa)
2. l'Homme de Vitruve (Vitruvian Man)
3. la Cène (The Last Supper)
4. la Vierge aux rochers (Madonna of the Rocks)
5. la fontaine (fountain)
6. la Madeleine à la veilleuse (Magdalene with the Nightlight)
7. la Grande Galerie (Grand Gallery)
8. la pyramide inversée (inverted pyramid)
9. Autoportrait de Léonard de Vinci
10. l'Adoration des mages (Adoration of the Magi)

Quelles sont les cinq photos que vous allez prendre?

1. ______________________
2. ______________________
3. ______________________
4. ______________________
5. ______________________

Info Gap Activities

Unité 7 Leçon 7B

Synthèse

Élève 2

5 **Au Louvre** (student text, p. 300) Votre professeur est fanatique du livre *Da Vinci Code*. Vous et votre partenaire êtes en vacances à Paris et il y a une exposition spéciale des œuvres de Léonard de Vinci au musée du Louvre. Votre professeur vous a demandé de prendre des photos des endroits et des œuvres spécifiques, et vous a donné une liste, organisée par priorité, de ses préférences. Votre partenaire a cette liste et vous avez un plan du musée. Malheureusement, vous n'avez que deux heures et ne pouvez donc prendre que cinq photos. Discutez de la liste et du plan pour déterminer où se trouvent les œuvres et les endroits. Décidez quels sont les cinq œuvres ou endroits que vous pourrez visiter dans les deux heures. Attention, le musée du Louvre est l'un des plus grands musées du monde.

Modèle

Élève 1: Le tableau qu'elle préfère, c'est *la Joconde*. Où est-elle? Est-il possible que nous puissions la voir?
Élève 2: Oui. *La Joconde* se trouve au premier étage. Il est certain que nous pourrons la voir.

Le musée du Louvre

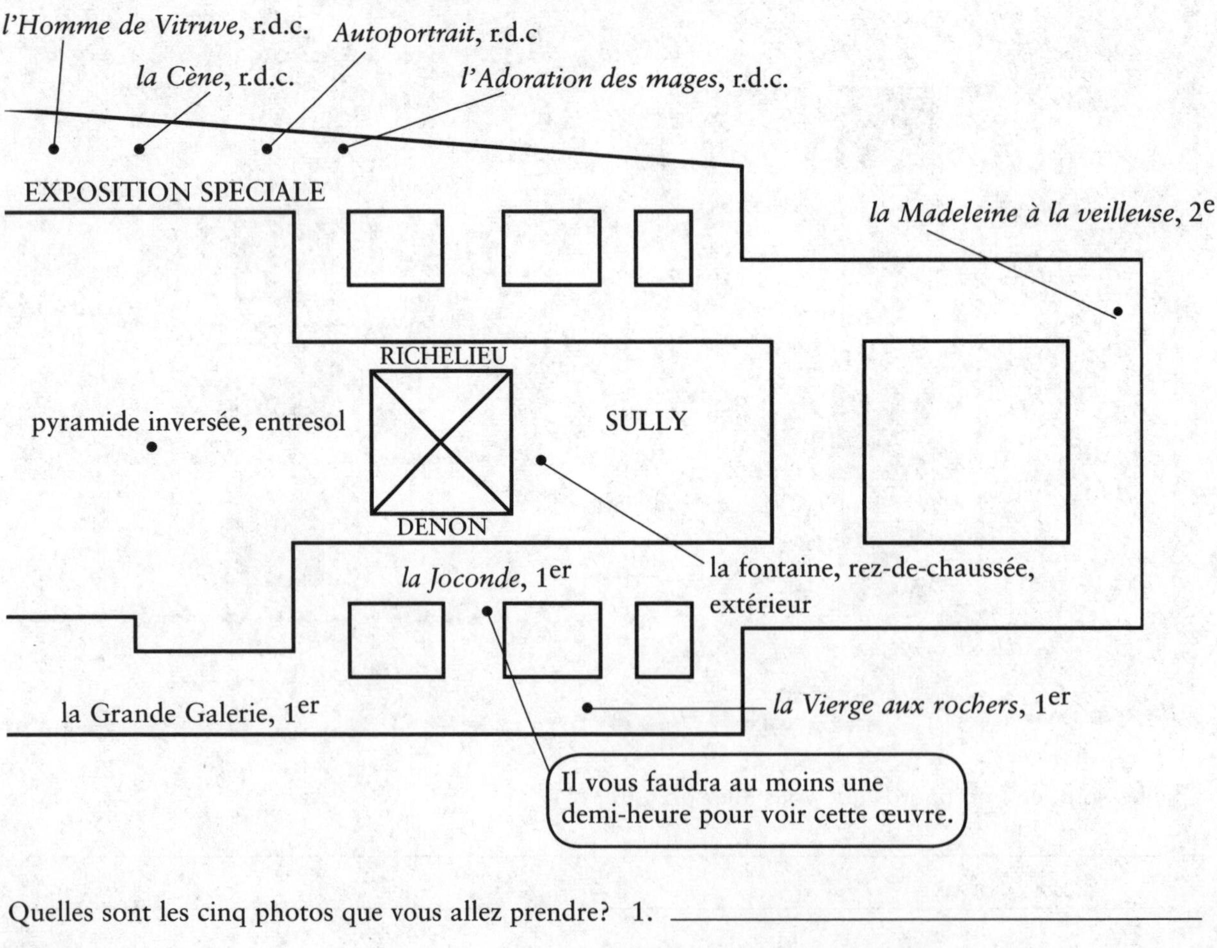

Quelles sont les cinq photos que vous allez prendre? 1. ____________

2. ____________ 3. ____________

4. ____________ 5. ____________

Nom _______________ Date _______________

Unité préliminaire, Leçon PA

Roman-photo

LA VISITE SURPRISE

Avant de regarder

1 **La surprise** Look at the photo and consider the title of this video episode. Who is in this picture? How do you think Sandrine will react when she sees him? What do you think will happen in this episode?

____

____

____

____

____

En regardant la vidéo

2 **Chez Sandrine** Check off the items that Sandrine has at her place.

- ❑ 1. un escalier
- ❑ 2. une chambre
- ❑ 3. une douche
- ❑ 4. un miroir
- ❑ 5. une baignoire
- ❑ 6. une cave
- ❑ 7. une cuisine
- ❑ 8. un jardin
- ❑ 9. un salon
- ❑ 10. une salle à manger
- ❑ 11. un lavabo
- ❑ 12. un sous-sol

3 **Identifiez-les** Label the rooms that are pictured.

1. _______________

2. _______________

3. _______________

4. _______________

5. _______________

Video Activities: *Roman-photo*

4 **Qui...?** Indicate which character says each of these lines. Write **D** for David or **R** for Rachid.

_______ 1. C'est grand chez toi!

_______ 2. Heureusement, Sandrine a décidé de rester.

_______ 3. Tu as combien de pièces?

_______ 4. Dis, c'est vrai, Sandrine, ta salle de bains est vraiment grande.

_______ 5. Chez nous, on a seulement une douche.

_______ 6. Et elle a une baignoire et un beau miroir au-dessus du lavabo!

5 **Complétez** Complete these sentences with the missing words from the video.

SANDRINE Je te fais (1) _______________?

RACHID Oui, merci.

SANDRINE Voici la (2) _______________.

RACHID Ça, c'est une (3) _______________ très importante pour nous, les invités.

SANDRINE Et puis, la (4) _______________.

RACHID Une pièce très importante pour Sandrine...

DAVID Évidemment!

SANDRINE Et voici ma (5) _______________.

RACHID Elle est (6) _______________!

SANDRINE Oui, j'aime le vert.

Après la vidéo

6 **Une dispute** Describe what is happening in this photo. Explain the events leading up to this moment.

____

____

____

____

____

7 **À vous!** What rooms do you have in your home? Write at least five sentences describing them.

____

____

____

____

____

____

____

Video Activities: *Roman-photo*

Nom ______________________ Date ______________________

Unité préliminaire, Leçon PB

LA VIE SANS PASCAL

Roman-photo

Avant de regarder

1 **Chez moi** In this video episode, you will hear people talking about chores. In preparation, make a list of household chores in French.

____

____

____

____

____

En regardant la vidéo

2 **Les tâches ménagères** Check off the chores mentioned or seen in the video.

- ❑ 1. faire le lit
- ❑ 2. balayer
- ❑ 3. sortir les poubelles
- ❑ 4. repasser le linge
- ❑ 5. ranger la chambre
- ❑ 6. passer l'aspirateur
- ❑ 7. mettre la table
- ❑ 8. faire la vaisselle
- ❑ 9. faire la lessive
- ❑ 10. débarrasser la table
- ❑ 11. enlever la poussière
- ❑ 12. essuyer la table

3 **Sélectionnez** Watch the scenes in the café, and choose the words that complete each sentence according to what you hear.

1. Je débarrasse ______________?
   a. la poubelle b. la lessive c. la table
2. Apporte-moi ______________, s'il te plaît.
   a. l'addition b. le thé c. le balai
3. Tu dois faire ______________ avant de sortir.
   a. la lessive b. la vaisselle c. les devoirs
4. Il faut sortir ______________ ce soir!
   a. le chien b. le balai c. les poubelles
5. Il est l'heure de préparer ______________.
   a. le dîner b. les biscuits c. le petit-déjeuner
6. Est-ce que tu as rangé ______________?
   a. le lit b. la table c. ta chambre

Nom ____________________ Date ____________________

4 **Les réponses** Watch the scene in Sandrine's apartment, and choose the response to each statement or question you hear in the video.

______	1. Mmmm. Qu'est-ce qui sent bon?	a. Un peu, oui.
______	2. Tu as soif?	b. Toi, tu as de la chance.
______	3. Tu vas le rencontrer un de ces jours?	c. Il y a des biscuits au chocolat dans le four.
______	4. Ne t'en fais pas, je comprends.	d. Oh… Je ne sais pas si c'est une bonne idée.
______	5. Je ne le connais pas vraiment, tu sais.	e. Comme d'habitude, tu as raison.

Après la vidéo

5 **Qui?** Who did these chores? Write **M** for Michèle, **St** for Stéphane, **V** for Valérie, or **X** if no one did it.

______ 1. faire le lit

______ 2. ranger sa chambre

______ 3. faire la lessive

______ 4. débarrasser la table

______ 5. passer l'aspirateur

______ 6. repasser le linge

______ 7. sortir les poubelles

______ 8. essuyer la table

6 **Expliquez** Answer these questions in French. Write complete sentences.

1. Pourquoi est-ce que Sandrine est de mauvaise humeur?

____

____

2. Pourquoi est-ce que Sandrine pense qu'Amina a de la chance?

____

____

3. Quand Sandrine parle d'un petit ami artistique, charmant et beau, à qui pense-t-elle? Comment est-ce que vous le savez?

____

____

7 **À vous!** Imagine that you are dividing household chores with your sibling. Write a conversation in which you discuss which chores you will each do. Talk about at least six different things.

____

____

____

____

____

____

____

____

Unité 1, Leçon 1A

AU SUPERMARCHÉ

Roman-photo

Avant de regarder

1 **On fait les courses!** What do you think might happen in a video episode that takes place in a grocery store? What kinds of words and expressions do you expect to hear?

____

____

____

____

____

En regardant la vidéo

2 **Complétez** Watch the first exchange between David and Amina and complete these sentences with the missing words.

AMINA Mais quelle heure est-il?

DAVID Il est (1) _______________.

AMINA Sandrine devait être là à (2) _______________. On l'attend depuis (3) _______________ minutes!

DAVID Elle va arriver!

AMINA Mais pourquoi est-elle (4) _______________?

DAVID Elle vient peut-être juste (5) _______________ de la fac.

3 **La nourriture** Check off the foods that are mentioned in the video.

- ❑ 1. les bananes
- ❑ 2. le bœuf
- ❑ 3. les carottes
- ❑ 4. les fraises
- ❑ 5. les œufs
- ❑ 6. les champignons
- ❑ 7. les fruits de mer
- ❑ 8. les haricots verts
- ❑ 9. les oignons
- ❑ 10. les oranges
- ❑ 11. les pommes de terre
- ❑ 12. le porc
- ❑ 13. les poulets
- ❑ 14. le riz
- ❑ 15. les tomates

Nom ____________________ Date ____________________

4 **Qu'est-ce qu'on va manger?** Listen to Sandrine describe the recipes for the dishes she is considering. Write down the ingredients she mentions for each one.

Les crêpes

____
____
____
____
____
____

Le bœuf bourguignon

____
____
____

Le poulet à la crème

____
____
____
____

5 **Qui...?** Indicate which character says each of these lines. Write **A** for Amina, **D** for David, **S** for Sandrine, or **St** for Stéphane.

_____ 1. Qu'est-ce qu'on peut apporter?

_____ 2. Je suis vraiment pressée!

_____ 3. Tu vas nous préparer un bon petit repas ce soir.

_____ 4. Bon, on fait les courses?

_____ 5. Génial, j'adore les crêpes!

_____ 6. Voilà exactement ce qu'il me faut pour commencer!

_____ 7. Tu peux devenir chef de cuisine si tu veux!

_____ 8. C'est nous qui payons!

Après la vidéo

6 **Vrai ou faux?** Indicate whether these statements are **vrai** or **faux**.

	Vrai	Faux
1. On doit (*should*) arriver pour le repas chez Sandrine à 8h00.	❍	❍
2. Valérie va apporter une salade.	❍	❍
3. Sandrine va préparer un bœuf bourguignon.	❍	❍
4. Les provisions coûtent 165 euros.	❍	❍
5. Sandrine va préparer un repas pour six personnes.	❍	❍
6. Amina et David paient.	❍	❍

7 **À vous!** Answer these questions in French in complete sentences.

1. Qui fait les courses chez vous?

____
____

2. Où va cette personne pour acheter de la nourriture?

____
____

3. Qu'est-ce qu'elle achète normalement au supermarché? En général, combien est-ce qu'elle paie au supermarché?

____
____

Video Activities: *Roman-photo*

Nom ______________________ Date ______________________

Unité 1, Leçon 1B

Roman-photo

LE DÎNER

Avant de regarder

1 **Un repas sympa** This video episode takes place at Sandrine's place, where she has prepared a special meal for her friends. What words and expressions do you expect to hear before and during a meal?

____
____
____
____
____
____
____
____

En regardant la vidéo

2 **Qui...?** Watch the scenes leading up to the dinner. Indicate which character says each of these lines. Write D for David, R for Rachid, or S for Sandrine.

_______ 1. Qu'est-ce que tu as fait en ville aujourd'hui?
_______ 2. Ah, tu es jaloux?
_______ 3. Il ne fallait pas, c'est très gentil!
_______ 4. J'espère qu'on n'est pas trop en retard.
_______ 5. Venez! On est dans la salle à manger.
_______ 6. Je ne savais pas que c'était aussi difficile de choisir un bouquet de fleurs.
_______ 7. Tu es tombé amoureux?
_______ 8. Vous pouvez finir de mettre la table.

3 **Assortissez-les** Match these images with their captions.

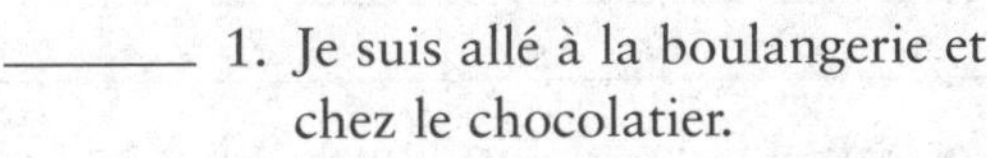

_______ 1. Je suis allé à la boulangerie et chez le chocolatier.
_______ 2. Tiens, c'est pour toi.
_______ 3. Est-ce qu'on peut faire quelque chose pour t'aider?
_______ 4. Je vous sers autre chose? Une deuxième tranche de tarte aux pommes peut-être?
_______ 5. À Sandrine, le chef de cuisine le plus génial!
_______ 6. Moi, je veux bien!

a.

b.

c.

d.

e.

f.

Nom ______________________ Date ______________________

4 **Qu'est-ce qui s'est passé?** In what order do these events occur in the video?

_______ a. On prend du poulet aux champignons.
_______ b. On met la table.
_______ c. David cherche un cadeau pour Sandrine.
_______ d. Rachid et David arrivent chez Sandrine.
_______ e. Rachid rencontre David en ville.

Après la vidéo

5 **Descriptions** Indicate which person each statement describes.

_______ 1. Il/Elle aide dans la cuisine.
a. Rachid b. David c. Stéphane d. Sandrine e. Valérie f. Amina

_______ 2. Il/Elle donne des chocolats à Sandrine.
a. Rachid b. David c. Stéphane d. Sandrine e. Valérie f. Amina

_______ 3. Il/Elle donne des fleurs à Sandrine.
a. Rachid b. David c. Stéphane d. Sandrine e. Valérie f. Amina

_______ 4. Il/Elle met le sel et le poivre sur la table.
a. Rachid b. David c. Stéphane d. Sandrine e. Valérie f. Amina

_______ 5. Il/Elle met les verres sur la table.
a. Rachid b. David c. Stéphane d. Sandrine e. Valérie f. Amina

_______ 6. Il/Elle est au régime.
a. Rachid b. David c. Stéphane d. Sandrine e. Valérie f. Amina

6 **Expliquez** Answer these questions in French.

1. Pourquoi est-ce que David ne choisit pas les roses comme cadeau pour Sandrine?

____

____

2. Pourquoi est-ce que David ne choisit pas les chrysanthèmes comme cadeau pour Sandrine?

____

____

3. Pourquoi est-ce que David ne choisit pas le vin comme cadeau pour Sandrine?

____

____

7 **À vous!** Imagine that you have been invited to a French friend's home for dinner. What will you bring as a gift for your host or hostess? Explain your choice in French.

____

____

____

____

____

____

Nom ______________________ Date ______________________

Unité 2, Leçon 2A

Roman-photo

DRÔLE DE SURPRISE

Avant de regarder

1 **Examinez le titre** Look at the title of the video module. Based on the title and the video still below, what do you think the surprise might be?

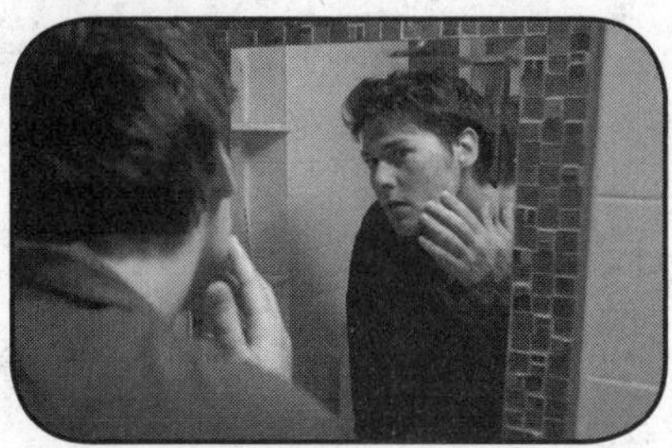

____

____

____

____

____

____

2 **On fait sa toilette** With what objects do you associate these activities? Use each object only once.

______ 1. se brosser les dents		a. les vêtements
______ 2. se brosser les cheveux		b. le shampooing
______ 3. se laver		c. le réveil
______ 4. se raser		d. la serviette de bain
______ 5. se sécher		e. le miroir
______ 6. se laver les cheveux		f. la brosse
______ 7. se lever		g. le maquillage
______ 8. s'habiller		h. le dentifrice
______ 9. se maquiller		i. le savon
______ 10. se regarder		j. le rasoir

En regardant la vidéo

3 **Qui...?** Indicate which character says each of these lines. Write **D** for David or **R** for Rachid.

______ 1. On doit partir dans moins de vingt minutes.

______ 2. Tu veux bien me passer ma brosse à dents?

______ 3. Ce n'est pas facile d'être beau.

______ 4. Euh, j'ai un petit problème.

______ 5. Est-ce que tu as mal à la gorge?

______ 6. Lis le journal si tu t'ennuies.

Nom ______________________ Date ______________________

4 **Les activités** Place check marks beside the activities David and Rachid mention.

- ❑ 1. se brosser les cheveux
- ❑ 2. se brosser les dents
- ❑ 3. se coiffer
- ❑ 4. se coucher
- ❑ 5. se déshabiller
- ❑ 6. s'endormir
- ❑ 7. s'intéresser
- ❑ 8. se laver
- ❑ 9. se lever
- ❑ 10. se maquiller
- ❑ 11. prendre une douche
- ❑ 12. se raser
- ❑ 13. se regarder
- ❑ 14. se réveiller
- ❑ 15. se sécher

5 **Une vraie star!** For items 1–7, fill in the missing letters in each word. Unscramble the letters in the boxes to find the answer to item 8. One letter will not be used.

1. Je finis de me brosser les d ___ ___ ___ ☐.
2. Attends, je ne trouve pas le p ___ ☐ ___ ___ ___.
3. Tu n'as pas encore pris ta d ___ ___ ___ ___ ☐?
4. P ☐ ___ ___ ___ ___ ___ ___, cher ami.
5. Est-ce que tu as mal à la g ___ ___ ☐ ___?
6. Je vais examiner tes y___ ___ ☐.
7. Téléphone au médecin pour prendre un r___ ___ ___ ___ ___ -☐ ___ ___ ___.
8. David a un problème sur le ______________.

Après la vidéo

6 **Vrai ou faux?** Indicate whether these statements are vrai or faux.

	Vrai	Faux
1. Rachid doit aller à son cours d'histoire.	❍	❍
2. Rachid a besoin de se raser.	❍	❍
3. David se maquille.	❍	❍
4. David a mal au ventre.	❍	❍
5. David n'a pas fini sa toilette.	❍	❍
6. On s'est réveillé à l'heure aujourd'hui.	❍	❍
7. Rachid trompe (*tricks*) David.	❍	❍
8. David va téléphoner à la pharmacie.	❍	❍

7 **À vous!** Describe your morning routine by completing these sentences with the verbs below.

se brosser	se coucher	se laver	se maquiller	se raser
se coiffer	s'habiller	se lever	prendre une douche	se réveiller

1. D'abord, je ______________________________.
2. Puis, je ______________________________.
3. Ensuite, je ______________________________.
4. Après ça, je ______________________________.
5. Finalement, je ______________________________.

Video Activities: *Roman-photo*

Unité 2, Leçon 2B

Roman-photo

L'ACCIDENT

Avant de regarder

1 **Aïe!** In this episode, Rachid has an accident and has to go to the doctor's office. What words and expressions do you expect to hear?

____

____

____

____

____

____

En regardant la vidéo

2 **Qui...?** Indicate which character says each of these lines. Write **A** for Amina, **B** for Dr. Beaumarchais, **D** for David, **R** for Rachid, or **St** for Stéphane.

_______ 1. Tu t'es blessé? Où est-ce que tu as mal?
_______ 2. Essaie de te relever.
_______ 3. Alors, expliquez-moi ce qui s'est passé.
_______ 4. Vous pouvez tourner le pied à droite?
_______ 5. Tu peux toujours jouer au foot?
_______ 6. Je vais guérir rapidement et retrouver la forme.
_______ 7. Qu'est-ce qui t'est arrivé?
_______ 8. Bon, on va mettre de la glace sur ta cheville.
_______ 9. Tu fais le clown ou quoi?
_______ 10. C'est juste une allergie.

3 **Qu'est-ce qu'ils disent?** Match these photos with their captions.

1. 
2. 
3. 
4. 
5. 

_______ a. Et où est-ce que vous avez mal?
_______ b. Tiens, donne-moi la main.
_______ c. On m'a fait une piqûre.
_______ d. Rends-moi la télécommande!
_______ e. On m'a donné des médicaments.

Video Activities: *Roman-photo*

Nom ______________________ Date ______________________

4 Rachid et David

Who do these symptoms and treatments pertain to?

	Rachid	David
1. Il faut mettre de la glace sur une partie de son corps.	❍	❍
2. Il a une réaction allergique.	❍	❍
3. Il avait besoin d'aide pour aller aux urgences.	❍	❍
4. Il doit passer par la pharmacie.	❍	❍
5. Il a pris des pilules.	❍	❍
6. Il doit éviter le soleil.	❍	❍
7. Il ne peut pas jouer au foot pendant une semaine.	❍	❍
8. Il doit rester à la maison quelques jours.	❍	❍

5 Complétez

Listen to the doctor's recommendations to Rachid, and complete this paragraph with the missing words you hear.

Alors, voilà ce que vous allez faire: mettre de la (1) ______________, vous (2) ______________ et ça veut dire, pas de foot pendant une (3) ______________ au moins et prendre des (4) ______________ contre la (5) ______________. Je vous prépare une (6) ______________ tout de suite.

Après la vidéo

6 Vrai ou faux?

Indicate whether these statements are **vrai** or **faux**.

	Vrai	Faux
1. Rachid ne peut pas se relever tout seul.	❍	❍
2. Rachid a mal au genou.	❍	❍
3. Rachid s'est cassé la jambe.	❍	❍
4. Rachid s'est foulé la cheville.	❍	❍
5. David est allé aux urgences.	❍	❍
6. David a la grippe.	❍	❍

7 À vous!

When was the last time you or someone you know had an accident playing sports? Describe the incident. What happened? How was the person hurt? What did he or she do about it?

____

____

____

____

____

____

____

____

____

Nom ______________________ Date ______________________

Unité 3, Leçon 3A

Roman-photo

C'EST QUI, CYBERHOMME?

Avant de regarder

1 **Qu'est-ce qui se passe?** Look at the photo and guess what might happen in this video module. What words and expressions do you expect to hear in an episode about technology and electronics?

____

2 **La technologie** With what do you associate these activities? More than one answer may apply.

un baladeur CD	un fax	un lecteur de DVD	un poste de télévision
un caméscope	un fichier	un logiciel	un téléphone
un CD	une imprimante	un magnétophone	un site web
une chaîne stéréo	un jeu vidéo	un magnétoscope	

1. enregistrer ______________________
2. surfer ______________________
3. sauvegarder ______________________
4. sonner ______________________
5. imprimer ______________________
6. télécharger ______________________
7. écouter ______________________
8. graver ______________________
9. regarder ______________________
10. jouer ______________________

En regardant la vidéo

3 **Les appareils électroniques** Watch the conversation between David and Rachid in their apartment, and place a check mark next to the electronic products mentioned or alluded to.

- ❑ 1. un caméscope
- ❑ 2. une télévision
- ❑ 3. une imprimante
- ❑ 4. un jeu vidéo
- ❑ 5. un lecteur DVD
- ❑ 6. un baladeur
- ❑ 7. une chaîne stéréo
- ❑ 8. un magnétophone

Video Activities: *Roman-photo*

Nom ______________________ Date ______________________

Après la vidéo

4 **Au café** Watch the scene in the café and complete the conversation with the missing words.

AMINA Oh, il est super gentil, écoute: Chère Technofemme, je ne sais pas comment te dire combien j'adore lire tes messages. On (1) ______________ si bien et on a beaucoup de choses en commun. J'ai l'impression que toi et moi, on peut tout (2) ______________.

SANDRINE Il est adorable, ton cyberhomme! Continue! Est-ce qu'il veut te rencontrer en personne?

VALÉRIE Qui vas-tu rencontrer, Amina? Qui est ce cyberhomme?

SANDRINE Amina l'a connu sur Internet. Ils (3) ______________ depuis longtemps déjà, n'est-ce pas, Amina?

AMINA Oui, mais comme je te l'ai déjà dit, je ne sais pas si c'est une bonne idée de (4) ______________ en personne. S'écrire des e-mails, c'est une chose; (5) ______________ rendez-vous, ça peut être dangereux.

5 **Qui...?** Indicate which character says each of these lines. Write A for Amina, D for David, R for Rachid, S for Sandrine, or V for Valérie.

_______ 1. Je dis que je ne peux pas me concentrer!
_______ 2. Tu as un autre e-mail de Cyberhomme?
_______ 3. Et voilà! J'ai fini ma dissert.
_______ 4. Mais il est si charmant et tellement romantique.
_______ 5. On ne sait jamais.
_______ 6. Il a effacé les quatre derniers paragraphes!
_______ 7. Peut-être qu'elle peut retrouver la dernière version de ton fichier.
_______ 8. Il faut sauvegarder au moins toutes les cinq minutes.

6 **Expliquez** What is happening in this photo? Describe the events leading up to this moment.

____
____
____
____
____

7 **À vous!** Name three technology products and explain how you use them.

1. ____
____
2. ____
____
3. ____
____

Video Activities: *Roman-photo*

Nom ______________________ Date ______________________

Unité 3, Leçon 3B

Roman-photo

LA PANNE

Avant de regarder

1 **Qu'est-ce qui se passe?** Look at the video still. What is Rachid doing? Consider the title and the photo, and guess what will happen in this episode.

____

____

En regardant la vidéo

2 **La voiture** Place check marks next to the car-related terms mentioned in this episode.

- ☑ 1. l'huile
- ☑ 2. les pneus
- ☐ 3. les freins
- ☑ 4. la ceinture
- ☐ 5. le capot
- ☑ 6. le voyant
- ☐ 7. le pare-brise
- ☑ 8. la station-service
- ☐ 9. les phares
- ☐ 10. le rétroviseur

3 **Qui...?** Indicate which character says each of these lines. Write **A** for Amina, **M** for the **mécanicien**, **R** for Rachid, **S** for Sandrine, or **V** for Valérie.

M 1. Elle est belle, votre voiture!

R 2. Je suis un peu pressé en fait.

V 3. Une vraie petite histoire d'amour, comme dans les films!

S 4. Elle doit être amoureuse.

A 5. Arrête de dire des bêtises.

R 6. Tiens, c'est pour toi.

M 7. Je peux vous aider?

A 8. À quelle heure est notre réservation?

Video Activities: *Roman-photo*

Nom ______________________ Date ______________________

4 **Mettez-les dans l'ordre** Number these events in the order in which they occur.

_______ a. Un voyant est allumé.
_______ b. Rachid a un pneu crevé.
_______ c. Rachid achète de l'essence.
_______ d. Rachid retourne à la station-service.
_______ e. Le mécanicien vérifie l'huile.

Après la vidéo

5 **Vrai ou faux?** Indicate whether these statements are **vrai** or **faux**.

	Vrai	Faux
1. À la station-service, le mécanicien vérifie la pression des pneus pour Rachid.	○	○
2. La voiture de Rachid est de 2005.	○	○
3. Rachid offre des fleurs à Amina.	○	○
4. À la station-service, Rachid nettoie son pare-brise.	○	○
5. Rachid et Amina ont un accident de voiture.	○	○
6. Rachid va deux fois à la station-service.	○	○
7. Amina est fâchée avec Rachid.	○	○
8. Rachid s'énerve.	○	○

6 **Que c'est romantique!** What happens in this episode that tells you that the relationship between Rachid and Amina has changed? Name at least three things they say or do.

____
____
____
____
____

7 **À vous!** Describe a time when the car you were riding in broke down. What happened?

____
____
____
____
____
____
____
____
____
____

Video Activities: *Roman-photo*

Nom ______________________ Date ______________________

Unité 4, Leçon 4A

ON FAIT DES COURSES.

Roman-photo

Avant de regarder

1 **Qu'est-ce qui se passe?** Read the title, look at the photo, and guess what might happen in this video module. What words and expressions do you expect to hear?

____

____

____

____

____

En regardant la vidéo

2 **En ville** Place check marks next to the places mentioned in this video module.

- ❑ 1. un bureau de poste
- ❑ 2. une banque
- ❑ 3. un cybercafé
- ❑ 4. une bijouterie
- ❑ 5. une laverie
- ❑ 6. une brasserie
- ❑ 7. une papeterie
- ❑ 8. un salon de beauté
- ❑ 9. un marchand de journaux
- ❑ 10. une boutique
- ❑ 11. un parc
- ❑ 12. un commissariat de police

3 **Complétez** Watch the first two segments as Amina and Rachid run errands, and complete these sentences according to what the characters say. Not all words in the list will be used.

banque	billets	chèque	liquide	salade
bijouterie	boutique	courses	poste	tranches

1. Bonjour, Madame, quatre ______________ de pâté et de la ______________ de carottes pour deux personnes, s'il vous plaît.
2. Ah désolée, Monsieur, nous n'acceptons que les paiements en ______________ ou par ______________.
3. Je dois aller à la ______________ pour acheter des timbres et envoyer quelques cartes postales, et puis je voudrais aller à la ______________.
4. J'ai quelques ______________ à faire plus tard cet après-midi.
5. Et après ça, je dois passer à la ______________.

Video Activities: *Roman-photo*

4 **Mettez-les dans l'ordre** Number these events in the order in which they occur.

_______ a. Les quatre amis se rencontrent.
_______ b. Sandrine invite Rachid et Amina à aller dans une brasserie.
_______ c. Rachid commande des provisions pour un pique-nique.
_______ d. Rachid emprunte de l'argent à Amina.
_______ e. David et Sandrine cherchent un distributeur automatique.
_______ f. David invite Sandrine à aller dans une brasserie.
_______ g. Rachid découvre qu'il n'a pas de liquide.
_______ h. Amina et Rachid arrivent au distributeur automatique.

Après la vidéo

5 **Vrai ou faux?** Indicate whether these statements are **vrai** or **faux**.

	Vrai	Faux
1. La banque est fermée.	❍	❍
2. Sandrine n'aime pas la cuisine alsacienne.	❍	❍
3. La charcuterie accepte les cartes de crédit.	❍	❍
4. Amina veut acheter des cartes postales.	❍	❍
5. Les quatre amis vont aller dans une brasserie ensemble.	❍	❍
6. Aujourd'hui, c'est samedi.	❍	❍

6 **Expliquez** Read the caption and explain what is happening in this photo.

—Alors! On n'a plus besoin de chercher un cyberhomme?
—Pour le moment, je ne cherche personne.

7 **À vous!** Describe a day in which you ran several errands. Tell where you went and what you did at each place. Mention at least four different places.

1. ____

2. ____

3. ____

4. ____

Nom ______ Date ______

Unité 4, Leçon 4B

CHERCHER SON CHEMIN

Roman-photo

Avant de regarder

1 **Qu'est-ce qui se passe?** Read the title, look at the photo, and guess what might happen in this video module.

______
______
______
______
______

2 **Qu'est-ce que c'est?** Check the appropriate column to classify these words as directions (**indications**) or places (**endroits**).

	indication	endroit		indication	endroit
1. fontaine	______	______	**6. rue**	______	______
2. traverser	______	______	**7. tourner**	______	______
3. suivre	______	______	**8. feu rouge**	______	______
4. descendre	______	______	**9. continuer**	______	______
5. angle	______	______	**10. boulevard**	______	______

En regardant la vidéo

3 **Complétez** Watch the scene with the tourist in the café, and complete the conversation with the missing words.

à côté de	droite	gauche	tout droit
continuez	en face de	loin	traversez
descendez	feu rouge	tournez	se trouve

TOURISTE Excusez-moi, est-ce que vous savez où (1) ______ le bureau de poste, s'il vous plaît?

RACHID Oui, ce n'est pas (2) ______ d'ici. Vous (3) ______ la rue, juste là, ensuite vous (4) ______ jusqu'au (5) ______ et vous (6) ______ (7) à ______.

DAVID Non! À (8) ______!

RACHID Non, à gauche! Puis, vous continuez (9) ______, vous (10) ______ le cours Mirabeau et c'est juste là, (11) ______ la fontaine de la Rotonde (12) ______ la gare.

Video Activities: *Roman-photo*

4 **Mettez-les dans l'ordre** Number these people in the order in which they give the tourist directions.

_____ a. Stéphane _____ b. le marchand de journaux _____ c. Rachid _____ d. David

Who finally gives good directions? _______________

Après la vidéo

5 **Qu'est-ce qui se passe?** Match these images with their captions.

1. _____

2. _____

3. _____

4. _____

5. _____

6. _____

a. Qu'est-ce que vous allez faire le week-end prochain?
b. Voici cinq, six, sept euros qui font dix.
c. Oui, je l'adore!
d. Euh merci, je... je vais le trouver tout seul.
e. Bonjour, je peux vous aider?
f. Excusez-moi, où est le bureau de poste, s'il vous plaît?

6 **Vrai ou faux?** Indicate whether these statements are **vrai** or **faux**.

	Vrai	Faux
1. Sandrine chante très mal.	❍	❍
2. M. Hulot ne sait pas où se trouve le bureau de poste.	❍	❍
3. Le touriste va au café parce qu'il a soif.	❍	❍
4. Amina aime bien Pauline Ester.	❍	❍
5. Le bureau de poste est derrière une grande fontaine.	❍	❍

7 **Comment est-ce qu'on va...?** Give directions from your home to these places.

1. Pour aller de chez moi au parc, _______________

2. Pour aller de chez moi à la banque, _______________

3. Pour aller de chez moi au supermarché, _______________

Video Activities: *Roman-photo*

Unité 5, Leçon 5A

Roman-photo

LE BAC

Avant de regarder

1 **Qu'est-ce qui se passe?** In this video module, Stéphane and Astrid take **le bac** and talk about their future plans. What words and expressions do you expect to hear them say?

____

____

____

____

____

En regardant la vidéo

2 **Qui?** Watch as Stéphane talks to his mother and Astrid after **le bac** and indicate which character says these lines. Write **As** for Astrid, **St** for Stéphane, or **V** for Valérie.

_______ 1. Qu'est-ce que tu vas faire une fois que tu auras le bac?

_______ 2. On vient juste de passer le bac, il faut fêter ça!

_______ 3. Je peux emprunter ta télécarte, s'il te plaît?

_______ 4. Qui est à l'appareil?

_______ 5. Tu vas à l'université ou tu vas chercher du travail?

_______ 6. Je suis tellement content aujourd'hui.

_______ 7. Mais bien sûr que je m'inquiète!

_______ 8. L'avenir, l'avenir! Vous n'avez que ce mot à la bouche!

3 **Complétez** Watch the phone call between Stéphane and his mother and complete the conversation with the missing words.

auras	inquiète	réfléchi	saura
été	prendre	réussi	seront

VALÉRIE Stéphane! Alors, comment ça a (1) _____________?
Tu penses avoir (2) _____________?

STÉPHANE Oui, bien sûr, maman. Ne t' (3) _____________ pas!

VALÉRIE En tout cas, on (4) _____________ bientôt. Tu sais quand tu (5) _____________ les résultats?

STÉPHANE Ils (6) _____________ affichés dans deux semaines.

VALÉRIE En attendant, il faut (7) _____________ des décisions pour préparer l'avenir. Tu y as (8) _____________ un peu?

Video Activities: *Roman-photo*

4 **Mettez-les dans l'ordre** Number these events in the order in which they occur.

_______ a. Stéphane téléphone à sa mère.

_______ b. Caroline se présente à Valérie.

_______ c. Stéphane et Astrid passent le bac.

_______ d. Stéphane et Astrid parlent de l'avenir.

_______ e. Michèle parle de ses projets au téléphone.

Après la vidéo

5 **Les projets d'avenir** Which character do these statements describe?

1. Il/Elle va étudier l'architecture.
   a. Stéphane b. Astrid c. Michèle d. Caroline
2. Il/Elle va étudier la médecine.
   a. Stéphane b. Astrid c. Michèle d. Caroline
3. Il/Elle cherche un travail au P'tit Bistrot.
   a. Stéphane b. Astrid c. Michèle d. Caroline
4. Il/Elle cherche un travail comme réceptionniste.
   a. Stéphane b. Astrid c. Michèle d. Caroline
5. Il/Elle veut aller à l'Université de Marseille.
   a. Stéphane b. Astrid c. Michèle d. Caroline
6. Il/Elle va aller à l'Université de Bordeaux.
   a. Stéphane b. Astrid c. Michèle d. Caroline

6 **Expliquez** Look at this photo and describe the phone conversation between Michèle and a friend.

____

____

____

____

____

7 **À vous!** Based on what has happened so far, what do you think will happen in upcoming episodes? Make predictions for each of these characters.

1. Stéphane: ______________________________
____
____
2. Astrid: ______________________________
____
____
3. Michèle: ______________________________
____
4. Valérie: ______________________________
____

Nom _______________ Date _______________

Unité 5, Leçon 5B

Roman-photo

JE DÉMISSIONNE!

Avant de regarder

1 **Qu'est-ce qui se passe?** Look at this photo. In this episode, Valérie has a very bad day. What do you think might happen?

____

____

____

____

____

En regardant la vidéo

2 **Qui?** Indicate which character says these lines. Write **A** for Amina, **As** for Astrid, **M** for Michèle, S for Sandrine, **St** for Stéphane, or **V** for Valérie.

_______ 1. Tu as le trac!

_______ 2. Je suis tellement nerveuse. Pas toi?

_______ 3. Je pourrais te préparer un gâteau au chocolat?

_______ 4. Tu as eu les résultats du bac, non?

_______ 5. Quel style de robe est-ce que tu aimerais?

_______ 6. Je ne vous demande pas un salaire très élevé, mais… c'est pour ma famille.

_______ 7. Être serveuse, c'est un métier exigeant, mais les salaires sont modestes!

_______ 8. Si tu as besoin de quoi que ce soit un jour, dis-le-moi.

3 **Complétez** Watch Sandrine and Amina as they shop for fabric and complete the conversation with the missing words.

faisais	finirait	pourrais	préférerais	serait

AMINA Que penses-tu de ce tissu noir?

SANDRINE Oh! C'est ravissant!

AMINA Oui, et ce (1) _______________ parfait pour une robe du soir.

SANDRINE Bon, si tu le dis. Moi, si je (2) _______________ cette robe moi-même, elle (3) _______________ sans doute avec une manche courte et avec une manche longue!

AMINA Je (4) _______________ en faire une comme ça, si tu veux.

SANDRINE Mais non… je (5) _______________ une de tes créations. Amina, tu es vraiment super!

Video Activities: *Roman-photo*

4 **Identifiez-les** Match these images with their captions.

1. ____________

2. ____________

3. ____________

4. ____________

5. ____________

a. Ce tissu noir est joli.
b. J'irai à l'université, maman.
c. Auriez-vous une petite minute?
d. Oh! Ce n'est pas possible!
e. La confiance en soi, c'est ici dans le cœur et ici dans la tête.

Après la vidéo

5 **Vrai ou faux?** Indicate whether these statements are **vrai** or **faux**.

	Vrai	Faux
1. Au concert, ce sera la première fois que Sandrine chante en public.	❍	❍
2. Amina propose de faire une robe pour Sandrine.	❍	❍
3. Astrid est reçue au bac avec mention bien.	❍	❍
4. Valérie donne une augmentation à Michèle.	❍	❍
5. Stéphane doit repasser deux parties de l'examen.	❍	❍

6 **Expliquez** What is happening in this photo? Describe the events leading up to this moment.

____

____

____

____

____

7 **À vous!** In this episode, the characters face difficult situations. In your opinion, who has the worst problem: Valérie, Sandrine, Michèle, or Stéphane? Explain your point of view.

____

____

____

____

____

____

Unité 6, Leçon 6A

Roman-photo

UNE IDÉE DE GÉNIE

Avant de regarder

1 **Qu'est-ce qui se passe?** Read the title and look at the photo. What do you think might happen in this video module?

____

____

____

____

____

En regardant la vidéo

2 **Qui?** Indicate which character says each of these lines. Write **A** for Amina, **D** for David, **R** for Rachid, **S** for Sandrine, or **V** for Valérie.

_______ 1. Elle ne vient ni aujourd'hui, ni demain, ni la semaine prochaine.

_______ 2. Il faut que je vous parle de cet article sur la pollution.

_______ 3. Oh, David, la barbe.

_______ 4. Je n'ai pas vraiment envie de parler de ça.

_______ 5. Pensons à quelque chose pour améliorer la situation.

_______ 6. Si on allait au mont Sainte-Victoire ce week-end?

_______ 7. J'adore dessiner en plein air.

_______ 8. En effet, je crois que c'est une excellente idée!

3 **Identifiez-les** Match these images with their captions.

1. _______________

2. _______________

3. _______________

4. _______________

a. Plus celui-ci.

b. Tu peux aller recycler ces bouteilles en verre?

c. Il faut que nous passions le reste de mon séjour de bonne humeur, hein?

d. Vous avez lu le journal ce matin?

Video Activities: *Roman-photo*

4 **Complétez** Watch Amina and Rachid convince their friends to go on a hike, and complete the conversation with the missing words.

air	campagne	fera	reposer
besoin	devez	pollution	venir

AMINA Allez! Ça nous (1) ______________ du bien! Adieu (2) ______________ de la ville. À nous, l' (3) ______________ pur de la (4) ______________! Qu'en penses-tu Sandrine?

SANDRINE Bon, d'accord.

AMINA Super! Et vous, Madame Forestier? Vous et Stéphane avez (5) ______________ de vous (6) ______________ aussi, vous (7) ______________ absolument (8) ______________ avec nous!

Après la vidéo

5 **Vrai ou faux?** Indicate whether these statements are **vrai** or **faux**.

	Vrai	Faux
1. Michèle est en vacances.	❍	❍
2. David rentre aux États-Unis dans trois semaines.	❍	❍
3. Le concert de Sandrine est dans une semaine.	❍	❍
4. David adore dessiner en plein air.	❍	❍
5. Sandrine ne va pas aller à la montagne Sainte-Victoire.	❍	❍
6. Valérie et Stéphane vont aussi y aller.	❍	❍

6 **Expliquez** Answer these questions in French according to what you saw in the video.

1. Pourquoi est-ce que Sandrine est de mauvaise humeur?

   ____

2. Pourquoi est-ce que Valérie est de mauvaise humeur?

   ____

3. De quoi parle l'article que David a lu?

   ____

4. Pourquoi est-ce que Rachid propose d'aller à la montagne Sainte-Victoire?

   ____

7 **À vous!** In this episode, Valérie has Stéphane recycle some bottles. What can you do to preserve the environment in which you live?

____

____

____

____

____

Nom ______________________ Date ______________________

Unité 6, Leçon 6B

LA RANDONNÉE

Roman-photo

Avant de regarder

1 **Qu'est-ce qui se passe?** Look at the photo. In this episode, the characters go to **la montagne Sainte-Victoire**. What words and expressions do you expect to hear them say?

____

____

____

____

____

En regardant la vidéo

2 **Qui?** Indicate which character says each of these lines. Write **A** for Amina, **D** for David, **R** for Rachid, **S** for Sandrine, **St** for Stéphane, or **V** for Valérie.

_______ 1. Regardez ce ciel bleu, le vert de cette vallée.

_______ 2. Nous sommes venus ici pour passer un bon moment ensemble.

_______ 3. C'est romantique ici, n'est-ce pas?

_______ 4. Tiens, et si on essayait de trouver des serpents?

_______ 5. Avant de commencer notre randonnée, je propose qu'on visite la Maison Sainte-Victoire.

_______ 6. Ne t'inquiète pas, ma chérie.

3 **Mettez-les dans l'ordre** Number these events in the order in which they occur.

_______ a. David dessine.

_______ b. Le groupe visite la Maison Sainte-Victoire.

_______ c. Le groupe fait un pique-nique.

_______ d. Rachid et Amina s'embrassent.

_______ e. Le groupe fait une randonnée.

4 **Complétez** Watch the video segment in which the guide talks about **la montagne Sainte-Victoire**. Complete these sentences with words from the list. Some words may be repeated.

forêt	incendie	préservation	sauvetage
gestion	montagne	prévention	sentier
habitats	musée	protégé	

1. La Maison Sainte-Victoire a été construite après l'_______________ de 1989.
2. Oui, celui qui a détruit une très grande partie de la _______________.
3. Maintenant, il y a un _______________, un _______________ de découvertes dans le jardin et la montagne est un espace _______________.
4. Eh bien, nous nous occupons de la _______________ de la _______________ et de la _______________.
5. Notre mission est la _______________ de la nature, le _______________ des _______________ naturels et la _______________ des incendies.

Video Activities: *Roman-photo*

5 **Choisissez** Choose the correct completions for these sentences according to what you hear in the video.

1. Il est essentiel qu'on laisse cet endroit ____________!
   a. pur b. écologique c. propre
2. J'allais mettre ça à ____________ plus tard.
   a. l'environnement b. la poubelle c. la pollution
3. Cette ____________ est tellement belle!
   a. montagne b. vallée c. fleur
4. Merci, elle est très belle, ____________.
   a. cette fleur b. cette forêt c. ce dessin
5. Tu es plus belle que toutes les fleurs de la ____________ réunies!
   a. nature b. vallée c. montagne

Après la vidéo

6 **Vrai ou faux?** Indicate whether these statements are **vrai** or **faux**.

	Vrai	Faux
1. Cézanne dessinait souvent à la montagne Sainte-Victoire.	❍	❍
2. C'est la première fois que David vient à la montagne.	❍	❍
3. Amina a peur des serpents.	❍	❍
4. Sandrine aime bien le fromage.	❍	❍
5. David fait un portrait de Sandrine.	❍	❍
6. Stéphane suit Amina et Rachid.	❍	❍

7 **À vous!** Describe a time when you visited a state park or other type of nature preserve. What did you see and do? What rules did you have to follow there?

Nom ________________ Date ________________

Unité 7, Leçon 7A

Roman-photo

APRÈS LE CONCERT

Avant de regarder

1 **Qu'est-ce qui se passe?** Read the title and look at the photo. What words and expressions do you expect to hear in an episode about Sandrine's concert?

En regardant la vidéo

2 **Finissez-les** Watch as the friends talk immediately after the concert. Match the first half of each statement with its completion.

1. Moi, je trouve que la robe que tu as faite pour Sandrine ______
2. Et les costumes, ______
3. Vous avez entendu ______
4. Devenir une chanteuse célèbre, ______
5. Amina vient de nous dire que ______
6. Je n'arrive pas à croire ______
7. Sandrine, que tu es ravissante ______
8. Alors, vous avez aimé ______

a. ces applaudissements?
b. que c'était pour moi!
c. c'était sa comédie musicale préférée.
d. dans cette robe!
e. notre spectacle?
f. était le plus beau des costumes.
g. comment tu les as trouvés, Amina?
h. c'est mon rêve!

3 **Qui?** Watch as David expresses his true feelings about the show. Indicate which character says these lines. Write D for David, S for Sandrine, or V for Valérie.

______ 1. Tu ne lui as pas dit ça, j'espère!

______ 2. Tu en as suffisamment dit, David.

______ 3. Elle a bien joué son rôle, mais il est évident qu'elle ne sait pas chanter.

______ 4. Alors, c'était comment, la pièce de théâtre?

______ 5. Je doute qu'elle devienne une chanteuse célèbre!

Nom ______________________ Date ______________________

4 **Complétez** Watch the confrontation between David and Sandrine and complete the sentences with the missing words. Not all words will be used.

chanson	dis	heureuse	suffit
comédie	dommage	spectacle	vouloir

DAVID Eh bien, la musique, la (1) ______________, je doute que ce soit ta vocation.

SANDRINE Tu doutes? Eh bien moi, je suis certaine… certaine de ne plus jamais (2) ______________ te revoir.

DAVID Mais Sandrine, c'est pour ton bien que je (3) ______________…

SANDRINE Oh, ça (4) ______________. Toi, tu m'écoutes. Je suis vraiment (5) ______________ que tu repartes bientôt aux États-Unis. (6) ______________ que ce ne soit pas demain!

Après la vidéo

5 **Mettez-les dans l'ordre** Number these events in the order in which they occur.

_______ a. Sandrine sort du théâtre.
_______ b. Sandrine entend les commentaires de David.
_______ c. Les amis attendent Sandrine au théâtre.
_______ d. Amina admire les danseurs.
_______ e. Rachid fait des compliments à Amina.
_______ f. David parle du concert à Valérie.
_______ g. Sandrine chante dans son concert.
_______ h. Sandrine se fâche.

6 **Expliquez** What is happening in this photo? Describe the events leading up to this moment.

7 **À vous!** Imagine that you are giving advice to David. Do you think he handled the situation well? What do you think he should do to make up with Sandrine, or should he try to make up with her at all?

Video Activities: *Roman-photo*

Nom ______________________ Date ______________________

Unité 7, Leçon 7B

AU REVOIR, DAVID!

Roman-photo

Avant de regarder

1 **Qu'est-ce qui se passe?** In this video module, David is preparing to return home to the United States. What words and expressions do you expect to hear?

____

____

____

____

____

En regardant la vidéo

2 **Finissez-les** Sandrine and Stéphane have both made some realizations and changes, thanks to their family and friends. Watch the first two scenes and match the first half of these sentences with their completions according to what you hear.

1. J'ai beaucoup réfléchi à ______
2. Ce que j'aime, non, ce que j'adore, ______
3. J'ai entendu dire que tu devais ______
4. Un jour vous vous disputez, vous vous détestez, ______
5. Oui, je t'assure, les documentaires et les infos ______
6. David ne peut pas partir ______
7. Je dois absolument ______
8. J'était tellement en colère ce jour-là, mais depuis ______

a. sans que je lui dise au revoir!
b. réussir cette fois-ci.
c. j'ai beaucoup réfléchi à ce qu'il m'a dit.
d. ce qu'il m'a dit.
e. sont mes nouvelles passions.
f. c'est cuisiner!
g. et quelques jours après vous vous réconciliez.
h. repasser une partie du bac.

3 **Qui?** Watch the party scene and indicate which character says these lines. Write **A** for Amina, **As** for Astrid, **D** for David, **R** for Rachid, **S** for Sandrine, **St** for Stéphane, or **V** for Valérie.

______ 1. Cet été, Amina participe à un défilé de mode à Paris.

______ 2. Oui, félicitations!

______ 3. Toi aussi, tu as de bonnes nouvelles, n'est-ce pas?

______ 4. Elle est jolie ta jupe Amina. C'est une de tes créations, n'est-ce pas?

______ 5. Alors, David, comment s'est passée ton année à Aix-en-Provence?

______ 6. Vas-y, dis-nous tout, avant que je ne perde patience!

______ 7. Oh, ce n'est pas grand-chose.

______ 8. Oh ça a été fantastique!

Nom ______________________ Date ______________________

Après la vidéo

4 **Vrai ou faux?** Indicate whether these statements are **vrai** or **faux**.

	Vrai	Faux
1. David repart aux États-Unis dans deux jours.	❍	❍
2. La vraie passion de Sandrine, c'est la musique.	❍	❍
3. Rachid a reçu son diplôme avec mention bien.	❍	❍
4. Amina va participer à un défilé de mode à Paris.	❍	❍
5. David a l'intention de revenir en France l'année prochaine.	❍	❍

5 **Expliquez** Look at these photos. How has Sandrine changed? Explain the change of heart she has had in the second photo.

____

____

____

____

____

____

6 **À vous!** Choose three of the main characters in this video and make predictions for them. What will they do in the future? What do you think will become of them?

1. nom du personnage ______________________

____

____

____

2. nom du personnage ______________________

____

____

____

3. nom du personnage ______________________

____

____

____

Nom ____________________ Date ____________________

Unité préliminaire, Leçon PA

Flash culture

CHEZ NOUS

Avant de regarder

1 **Les habitations** In this video, you are going to learn about housing in France. List as many different types of places to live as you can in French.

____

____

____

____

____

____

____

2 **Chez moi** Complete these statements about your own home. Remember to use the correct article with each noun. Use words from the list or any other words you know.

appartement	garage	sous-sol
balcon	jardin	studio
cave	maison	terrasse
escalier	résidence universitaire	

1. J'habite dans ____________________.
2. Chez moi, il y a ____________________ et ____________________.
3. Il n'y a pas ____________________ chez moi.
4. À l'extérieur, il y a ____________________.
5. Avant, j'habitais dans ____________________.
6. Il y avait ____________________ et ____________________.
7. Il n'y avait pas ____________________.
8. À l'extérieur, il y avait ____________________.

En regardant la vidéo

3 **Mettez-les dans l'ordre** In what order does Benjamin mention these items?

_______ a. un balcon

_______ b. une terrasse

_______ c. un sous-sol

_______ d. un garage

_______ e. un jardin

4 **Chez soi** Match these images with their captions.

1. 
2. 
3. 
4. 
5. 

_______ a. des maisons individuelles

_______ b. des appartements

_______ c. des HLM

_______ d. de grands immeubles

_______ e. des résidences pour les étudiants

5 **Complétez** Watch the video and complete the paragraphs below according to what Benjamin says.

1. Nous sommes dans la _______________ d'Aix-en-Provence. C'est un _______________ très pittoresque avec ses boutiques, ses restaurants et ses _______________. Laissez-moi vous montrer différents types de _______________.
2. Nous sommes maintenant dans la _______________ où on trouve des _______________ de toutes sortes. Par exemple, cette maison est assez _______________.

Après la vidéo

6 **La maison de mes rêves** Describe your dream home. Tell where it is and what type of residence it is. Then describe its features in detail.

____

____

____

____

____

____

____

____

Unité 1, Leçon 1A

Flash culture

LA NOURRITURE

Avant de regarder

1

Qu'est-ce qu'on achète? In this video, you are going to learn about the way that some French people do their shopping: at an open-air market. Make a list of five things you think you could buy there and five things you think you couldn't.

On peut acheter...	On ne peut pas acheter...

2

La nourriture You will see and hear descriptions of fruits, vegetables, and other foods at a French market. In preparation, circle the statements that best describe your tastes.

1. J'aime / Je n'aime pas les légumes.
2. J'aime / Je n'aime pas les fruits.
3. J'aime mieux les saucisses / le jambon.
4. Je mange peu de / assez de / beaucoup de fromage.
5. J'aime / Je n'aime pas les fruits de mer.
6. J'aime / Je n'aime pas le poisson.
7. Je mange peu de / assez de / beaucoup de pain.
8. Je mange peu de / assez de / beaucoup de légumes.

En regardant la vidéo

3

Qu'est-ce qu'il y a? Check off the eleven items that you see in the video.

- ❑ 1. des bananes
- ❑ 2. des carottes
- ❑ 3. des champignons
- ❑ 4. des fleurs
- ❑ 5. du fromage
- ❑ 6. des fruits de mer
- ❑ 7. du jambon
- ❑ 8. des melons
- ❑ 9. des oignons
- ❑ 10. du pain
- ❑ 11. des pâtes
- ❑ 12. des poivrons verts
- ❑ 13. des poulets
- ❑ 14. des saucisses
- ❑ 15. des tomates

Nom ______________________ Date ______________________

4 **Répondez** Complete these sentences with words from the list according to what Csilla says in the video.

délicieuses	légumes	pique-nique
fleurs	marché	place
fromages	pain	tomates

1. Ici, c'est la ______________ Richelme.
2. Tous les matins, il y a un ______________ aux fruits et légumes.
3. Il y a toutes sortes de ______________ ici.
4. Ces ______________ sentent tellement bon.
5. Ces fraises ont l'air ______________.
6. Sur les marchés, on vend des ______________. Moi, j'adore.
7. Je vais acheter deux ou trois petites choses pour préparer un ______________.
8. Et bien sûr, n'oublions pas le ______________.

Après la vidéo

5 **Au marché** Imagine you just went shopping at the market in Aix. Write a brief paragraph about your experience. Remember to use the **imparfait** to describe the scene and the **passé composé** to tell what you bought and what you did.

Unité 2, Leçon 2B

Flash culture

LA SANTÉ

Avant de regarder

1 **À la pharmacie** In this video, you are going to learn about pharmacies in France. In French, make a list of items you might buy in a pharmacy.

____

____

____

____

____

2 **La santé et l'hygiène** Complete these statements about health and personal hygiene with the words listed.

aspirine	gorge	pharmacie
dentifrice	médicaments	rasoir
douche	miroir	shampooing

1. Quand on se maquille, on se regarde dans le ____________________.
2. Quand on a mal à la tête, on prend souvent de l' ____________________.
3. On se déshabille avant de prendre une ____________________.
4. Quand on a la grippe, le docteur examine la ____________________.
5. Quand le médecin donne une ordonnance, on va à la ____________________.
6. Si on a des allergies, on prend quelquefois des ____________________.

En regardant la vidéo

3 **Complétez** Watch these video segments and complete the paragraphs below according to what Benjamin says.

1. Bonjour! Quand vous êtes (a) ________________ ou quand il vous faut des (b) ________________, il y a la (c) ________________. Pour en trouver une, cherchez la croix (d) ________________! Ici, on vend un peu de tout. Entrons!
2. Il y a d'autres endroits pour (e) ________________ bien et (f) ________________.
3. Maintenant, vous savez où trouver ce qu'il vous faut pour (g) ________________ en pleine (h) ________________. À la prochaine!

4 **Les produits** Watch the segment with Benjamin in the pharmacy. Make a list of at least six items you see in the French pharmacy that you personally use.

5 **Pour la santé** What types of health-related businesses are featured in this video module?

Après la vidéo

6 **Les pharmaciens** In this video, Benjamin talks about the role of pharmacists in France. In what ways is the French system similar to that of the United States? How does it differ?

Unité 3, Leçon 3B

LA TECHNOLOGIE

Flash culture

Avant de regarder

1 **En ville** In this video, you are going to learn about driving in France. Make a list of French words you associate with cars and traffic.

____

____

____

____

____

2 **Les moyens de transport** Circle all of the statements that describe you.

1. J'ai une / Je n'ai pas de voiture.
2. J'ai une / Je n'ai pas de moto.
3. J'ai mon / Je n'ai pas de permis de conduire.
4. J'aime conduire / prendre le bus / prendre le métro.

En regardant la vidéo

3 **Identifiez-les** Match these images with their captions.

1. ______________

2. ______________

3. ______________

4. ______________

5. ______________

6. ______________

7. ______________

8. ______________

a. un camion commercial
b. une mobylette
c. une décapotable
d. un péage
e. une moto
f. un monospace
g. une voiture de luxe
h. un feu de signalisation

4 **Répondez** Complete these sentences with words from the list, according to what Csilla says in the video. Not all words will be used.

auto-école	essence	péage	route
circulation	se garer	permis	vitesse
conduire	marcher	roule	voiture

1. En ville, il y a beaucoup de _______________.
2. Regardez cette petite _______________! Elle consomme très peu d'_______________.
3. On aime bien _______________ les motos ici.
4. C'est facile pour _______________ et on _______________ plus vite.
5. Pour prendre l'autoroute, il faut payer au _______________.
6. Pour avoir un _______________ de conduire en France, il faut avoir au moins dix-huit ans.
7. On va à une _______________ pour apprendre le code de la _______________.
8. Moi, je préfère _______________.

Après la vidéo

5 **Mettez-les dans l'ordre** In what order does Csilla mention these things people do at a service station?

_____ a. vérifier l'huile

_____ b. nettoyer le pare-brise

_____ c. acheter de l'essence

_____ d. vérifier la pression des pneus

6 **En ville** Answer these questions to describe your driving preferences and usual modes of transportation.

1. D'habitude, comment est-ce que vous allez au lycée?

____

____

2. Avez-vous une moto? Quelle sorte de voiture vos parents ont-ils?

____

____

3. Comment est la voiture de vos rêves (*dreams*)?

____

____

____

____

____

Nom ______________________ Date ______________________

Unité 4, Leçon 4A

Flash culture

EN VILLE

Avant de regarder

1 **Les petits commerçants** In this video, you're going to learn about shopping in small stores in France. In preparation for watching the video, make a list in French of various types of shops and boutiques.

______________________ ______________________

______________________ ______________________

______________________ ______________________

______________________ ______________________

______________________ ______________________

En regardant la vidéo

2 **Complétez** Watch as Benjamin visits a post office, and complete the conversation with the words that he says.

argent	commerces
boîte aux lettres	distributeur automatique
bureau de poste	marchand de journaux
cartes postales	timbres

Nous sommes devant le (1) ______________. Il est fermé maintenant, mais ce n'est pas grave, j'ai déjà acheté les (2) ______________. J'ai des (3) ______________ à envoyer à mes amis. Voici une (4) ______________. Bon, maintenant, je dois trouver un (5) ______________ pour retirer de l' (6) ______________, et puis je vais aller chez le (7) ______________. Je vais aussi vous montrer d'autres (8) ______________. Allons-y!

3 **Dans quel ordre?** Number these places in the order in which they are mentioned in the video.

_____ a. une laverie

_____ b. une boucherie

_____ c. une cafétéria

_____ d. un distributeur automatique

_____ e. un chocolatier

_____ f. un centre commercial

_____ g. une papeterie

_____ h. un marchand de journaux

_____ i. une bijouterie

_____ j. un salon de coiffure

_____ k. une boulangerie

_____ l. une charcuterie

Nom ______________________ Date ______________________

Après la vidéo

4 **Vrai ou faux?** Indicate whether these statements are **vrai** or **faux.**

	Vrai	Faux
1. Les hypermarchés sont très grands.	❍	❍
2. En général, les centres commerciaux se trouvent au centre-ville.	❍	❍
3. Pour acheter du jambon, on va à la boucherie.	❍	❍
4. On peut souvent acheter du papier et des livres dans le même magasin.	❍	❍
5. Normalement, on trouve une cafétéria dans un centre commercial.	❍	❍

5 **Où est-ce qu'on va pour…?** Where might you go in France to do these things?

1. envoyer une lettre ______________________
2. acheter un livre ______________________
3. se faire couper les cheveux ______________________
4. acheter du bœuf ______________________
5. laver les vêtements ______________________
6. acheter du pain ______________________
7. avoir une manucure ______________________
8. acheter un journal ______________________

6 **À vous!** In this segment, you saw many types of businesses that may be similar to or different from those where you live. Which places in this video segment also exist where you live? Which do you frequent? Which types of business are not as common in your area? Do you think they should be?

Nom ____________ Date ____________

Unité 5, Leçon 5B

Flash culture

L'AVENIR ET LES MÉTIERS

Video Activities: *Flash culture*

Avant de regarder

1 **Les métiers** In this video, you're going to learn about professions in France. In French, list as many different professions as you can.

____________ ____________ ____________

____________ ____________ ____________

____________ ____________ ____________

____________ ____________ ____________

____________ ____________ ____________

2 **J'aimerais...** Complete these statements telling what professions you would and would not like to have and why or why not.

1. J'aimerais être ____________ parce que ____________
____________.
2. J'aimerais être ____________ parce que ____________
____________.
3. Je n'aimerais pas être ____________ parce que ____________
____________.
4. Je n'aimerais pas être ____________ parce que ____________
____________.

En regardant la vidéo

3 **Mettez-les dans l'ordre** Number these professions in the order in which Csilla mentions them.

_____ a. pompier

_____ b. chef de cuisine

_____ c. dentiste

_____ d. femme d'affaires

_____ e. agent de police

_____ f. banquier

_____ g. homme d'affaires

_____ h. infirmière

_____ i. chauffeur de taxi

_____ j. vétérinaire

4 **Qu'est-ce qu'ils disent?** Match these people with what they say about their jobs.

1. ____________ 2. ____________ 3. ____________ 4. ____________

a. C'est plus qu'un travail. C'est un métier.
b. J'adore! La recherche, c'est ma passion.
c. Je suis assez sociable, alors cette profession me convient.
d. C'est une profession exigeante, mais très intéressante.

5 **Les professions** Listen as Csilla shows you other kinds of professions and fill in the blanks with the words you hear.

Et vous, est-ce que ces (1) ____________ vous intéressent: homme d'affaires ou femme d'affaires? agent de police? (2) ____________? chef de cuisine? (3) ____________ ou infirmier? chauffeur de taxi? Et que pensez-vous de ces (4) ____________: vétérinaire? dentiste? (5) ____________?

Après la vidéo

6 **L'important, c'est...** What is more important to you, having a job you enjoy or a good salary? Explain your point of view in French.

Nom ______________________ Date ______________________

Unité 6, Leçon 6B

L'ESPACE VERT

Flash culture

Avant de regarder

1 **Vocabulaire supplémentaire** Look over these words and expressions before you watch the video.

amateurs de ski	*skiers*	vignoble	*vineyard*
idéal	*ideal*	fabuleuses	*fabulous*
sports d'hiver	*winter sports*	cosmopolite	*cosmopolitan*
influence culturelle	*cultural influence*	le Vieux Carré	*French Quarter*
typiques	*typical*	paradis	*paradise*
construit	*built*	parlement	*parliament*
îlot	*small island*		

2 **Le monde francophone** In this video, you will see footage of various French-speaking areas around the world. In preparation, label the numbered places on the map.

1. ____________________
2. ____________________
3. ____________________
4. ____________________
5. ____________________

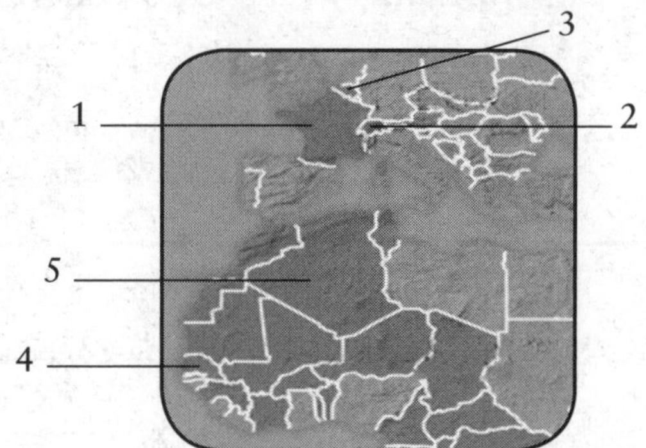

En regardant la vidéo

3 **La France** What places are pictured below?

1. ____________ 2. ____________ 3. ____________ 4. ____________

5. ____________ 6. ____________ 7. ____________

a. un vignoble près de Bordeaux
b. le Mont-Saint-Michel
c. la Côte d'Azur
d. le château de Chenonceau
e. Notre-Dame de Paris
f. l'Alsace
g. les Alpes

4 **Complétez** Complete the captions according to what Benjamin says in the video.

1. Aujourd'hui, nous sommes près de la ____________.
2. Le Mont-Saint-Michel est construit sur un ____________ dans le ____________ de la France.
3. Dans la ____________ de la Loire, il y a le célèbre ____________ de Chenonceau et ses ____________.
4. Les ____________ de Tahiti sont ____________!
5. Ça, c'est ____________, en Algérie, en ____________ du nord.
6. Dakar est un ____________ important pour le commerce.
7. C'est la ville du parlement ____________, de la Grand- ____________ et, bien sûr, des ____________.

Après la vidéo

5 **Descriptions** What places are described below?

Bruxelles	Montréal	Papeete
Cannes	Nice	le Québec
Dakar	Notre-Dame	Tahiti

1. Cette île se trouve dans l'océan Pacifique. ____________________
2. Cette province se trouve au Canada. ____________________
3. C'est une cathédrale à Paris. ____________________
4. Ce sont des villes de la Côte d'Azur. ____________________ et ____________________
5. C'est une ville cosmopolite au Québec. ____________________
6. C'est la capitale de la Polynésie française. ____________________
7. C'est la capitale du Sénégal. ____________________
8. C'est la capitale de la Belgique. ____________________

6 **Comparaisons** Choose two different places depicted in the video, and write a brief paragraph comparing them. In what ways are they similar? How do they differ? Write at least six sentences.

____

____

____

____

____

____

Nom ______________________ Date ______________________

Unité 7, Leçon 7A

Flash culture

LES ARTS

Avant de regarder

1 **Les loisirs** In this video, you're going to learn about reading and movies in France. In preparation for watching the video, make lists of film genres and types of reading materials.

cinéma	lecture
______________________	______________________
______________________	______________________
______________________	______________________
______________________	______________________
______________________	______________________

2 **Mes préférences** Circle all of the statements that describe you.

1. J'aime lire les romans / pièces de théâtre / poèmes / contes pour enfants.
2. Je n'aime pas lire les romans / pièces de théâtre / poèmes / contes pour enfants.
3. J'aime regarder les comédies / westerns / films policiers / films d'amour / films d'horreur / films de science-fiction.
4. Je n'aime pas regarder les comédies / westerns / films policiers / films d'amour / films d'horreur / films de science-fiction.

En regardant la vidéo

3 **Complétez** Watch as Csilla leads you through a movie theater and complete the paragraph with the words you hear her say.

anglais	film
cinéma	originale
comédie	prix
étudiants	tickets

Qu'est-ce qu'il y a au (1) ______________ aujourd'hui? Voyons… Tiens, il y a *La Cloche a sonné* avec Fabrice Luchini. C'est une (2) ______________ dramatique. Il y a aussi *The Bourne Ultimatum*. C'est un (3) ______________ américain. Il est en version (4) ______________ , ça veut dire qu'il est en (5) ______________. On achète des (6) ______________ ici, au guichet. Ils ont des (7) ______________ réduits pour les (8) ______________, alors, n'oubliez pas votre carte d'étudiant.

4 **Dans quel ordre?** In what order does Csilla mention these film genres?

_______ a. les films de science-fiction

_______ b. les films d'amour

_______ c. les comédies

_______ d. les films policiers

_______ e. les westerns

_______ f. les films d'horreur

Après la vidéo

5 **Répondez** Based on the films and reading materials you saw in this segment, answer these questions in French in complete sentences.

1. Quel(s) genre(s) de films aimez-vous? ______________________________
2. Quelle(s) sorte(s) de livres ou de magazines vous intéresse(nt)? ______________________________
3. Avez-vous vu ou lu un des films ou livres mentionnés? Le(s)quel(s)? ______________________________

6 **Comparaisons** Many books are eventually made into movies. In French, compare a book that you have read with its film version. How do they differ? Which do you like better? Why?

AUDIO ACTIVITIES

Leçon PA

Unité préliminaire

CONTEXTES

1 **Décrivez** Listen to each sentence and write its number below the drawing of the household item mentioned.

a. ______

b. ______

c. ______

d. ______

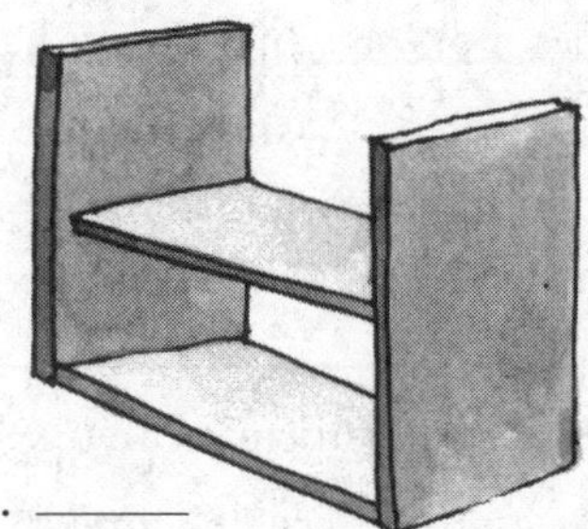
e. ______

f. ______

2 **Identifiez** You will hear a series of words. Write the word that does not belong in each series.

1. ____________________
2. ____________________
3. ____________________
4. ____________________
5. ____________________
6. ____________________
7. ____________________
8. ____________________

3 **Logique ou illogique?** You will hear some statements. Decide if they are **logique** or **illogique**.

	Logique	Illogique
1.	❍	❍
2.	❍	❍
3.	❍	❍
4.	❍	❍
5.	❍	❍
6.	❍	❍
7.	❍	❍
8.	❍	❍

Nom ______________________ Date ______________________

LES SONS ET LES LETTRES

s and ss

You've already learned that an s at the end of a word is usually silent.

lavabos **copains** **vas** **placards**

An s at the beginning of a word, before a consonant, or after a pronounced consonant is pronounced like the *s* in the English word *set*.

soir **salon** **studio** **absolument**

A double *s* is pronounced like the *ss* in the English word *kiss*.

grosse **assez** **intéressant** **rousse**

An s at the end of a word is often pronounced when the following word begins with a vowel sound. An s in a liaison sounds like a *z*, like the *s* in the English word *rose*.

très_élégant **trois_hommes**

The other instance where the French s has a *z* sound is when there is a single s between two vowels within the same word. The s is pronounced like the *s* in the English word *music*.

musée **amusant** **oiseau** **besoin**

These words look alike, but have different meanings. Compare the pronunciations of each word pair.

poison **poisson** **désert** **dessert**

Audio Activities

1 **Prononcez** Répétez les mots suivants à voix haute.

1. sac	4. chose	7. surprise	10. expressions
2. triste	5. bourse	8. assister	11. sénégalaise
3. suisse	6. passer	9. magasin	12. sérieusement

2 **Articulez** Répétez les phrases suivantes à voix haute.

1. Le spectacle est très amusant et la chanteuse est superbe.
2. Est-ce que vous habitez dans une résidence universitaire?
3. De temps en temps, Suzanne assiste à l'inauguration d'expositions au musée.
4. Heureusement, mes professeurs sont sympathiques, sociables et très sincères.

3 **Dictons** Répétez les dictons à voix haute.

1. Si jeunesse savait, si vieillesse pouvait.
2. Les oiseaux de même plumage s'assemblent sur le même rivage.

4 **Dictée** You will hear six sentences. Each will be said twice. Listen carefully and write what you hear.

1. ______________________________
2. ______________________________
3. ______________________________
4. ______________________________
5. ______________________________
6. ______________________________

STRUCTURES

PA.1 The passé composé vs. the imparfait (Part 1)

1 **Identifiez** Listen to each sentence in the past tense and indicate which category best describes it.

1. a. habitual action b. specific completed action c. description of a physical/mental state
2. a. habitual action b. specific completed action c. description of a physical/mental state
3. a. habitual action b. specific completed action c. description of a physical/mental state
4. a. habitual action b. specific completed action c. description of a physical/mental state
5. a. habitual action b. specific completed action c. description of a physical/mental state
6. a. habitual action b. specific completed action c. description of a physical/mental state
7. a. habitual action b. specific completed action c. description of a physical/mental state
8. a. habitual action b. specific completed action c. description of a physical/mental state
9. a. habitual action b. specific completed action c. description of a physical/mental state
10. a. habitual action b. specific completed action c. description of a physical/mental state

2 **Choisissez** Listen to each question and choose the most logical answer.

1. a. Il pleuvait et il faisait froid.
   b. Il a plu et il a fait froid.
2. a. J'ai joué au volley avec mes amis.
   b. Je jouais au volley avec mes amis.
3. a. Nous sommes allés au musée.
   b. Nous allions au musée.
4. a. Super! On a dansé toute la nuit.
   b. Super! On dansait toute la nuit.
5. a. Je les mettais dans ton sac.
   b. Je les ai mises dans ton sac.
6. a. Il a passé les vacances d'été en Espagne.
   b. Il passait les vacances d'été en Espagne.

3 **Complétez** Complete each sentence you hear in the **passé composé** or the **imparfait** using the cue in your lab manual. Repeat the correct response after the speaker.

Modèle

You hear: Ma petite amie adore danser maintenant, mais quand elle était au lycée...
You see: préférer chanter
You say: ***elle préférait chanter.***

1. manger un sandwich
2. jouer au football
3. sortir tous les soirs
4. prendre un taxi
5. nettoyer le garage
6. porter des jupes

Audio Activities

Nom ______________________ Date ______________________

PA.2 The passé composé vs. the imparfait (Part 2)

1 **Complétez** Listen to each phrase and complete it using the cues in your lab manual. Repeat the correct response after the speaker.

Modèle

You hear: Elle regardait la télé quand...
You see: son frère / sortir la poubelle
You say: **Elle regardait la télé quand son frère a sorti la poubelle.**

1. papa / rentrer
2. son petit ami / téléphoner
3. mes sœurs / dormir
4. la cafetière / tomber
5. vous / être dans le jardin
6. nous / vivre au Sénégal

2 **Changez** Change each sentence you hear in the present tense to the appropriate past tense. Repeat the correct response after the speaker. (*8 items*)

Modèle

D'habitude, je sors à huit heures du matin.
D'habitude, je sortais à huit heures du matin.

3 **Répondez** Answer each question you hear using the cue in your lab manual. Repeat the correct response after the speaker.

Modèle

You hear: Qu'est-ce que tu lisais quand tu avais neuf ans?
You see: des bandes dessinées
You say: **Je lisais des bandes dessinées.**

1. des frites
2. rendre visite à mes grands-parents
3. au centre commercial
4. aller au centre-ville
5. non, dans une grande maison
6. une robe noire

Nom ______________________ Date ______________________

Unité préliminaire

Leçon PB

CONTEXTES

1 **Logique ou illogique?** Listen to these statements and indicate whether they are **logique** or illogique.

	Logique	Illogique
1.	❍	❍
2.	❍	❍
3.	❍	❍
4.	❍	❍
5.	❍	❍
6.	❍	❍
7.	❍	❍
8.	❍	❍

2 **Les tâches ménagères** Martin is a good housekeeper and does everything that needs to be done in the house. Listen to each statement and decide what he did. Then, repeat the correct answer after the speaker. (*6 items*)

Modèle

Les vêtements étaient sales.

Alors, il a fait la lessive.

3 **Décrivez** Julie has invited a few friends over. When her friends are gone, she goes in the kitchen. Look at the drawing and write the answer to each question you hear.

1. ______________________________
2. ______________________________
3. ______________________________
4. ______________________________

Audio Activities

LES SONS ET LES LETTRES

Semi-vowels

French has three semi-vowels. Semi-vowels are sounds that are produced in much the same way as vowels, but also have many properties in common with consonants. Semi-vowels are also sometimes referred to as *glides* because they glide from or into the vowel they accompany.

hier **chien** **soif** **nuit**

The semi-vowel that occurs in the word **bien** is very much like the *y* in the English word *yes*. It is usually spelled with an **i** or a **y** (pronounced *ee*), then glides into the following sound. This semi-vowel sound may also be spelled **ll** after an **i**.

nation **balayer** **bien** **brillant**

The semi-vowel that occurs in the word **soif** is like the *w* in the English word *was*. It usually begins with **o** or **ou**, then glides into the following vowel.

trois **froid** **oui** **Louis**

The third semi-vowel sound occurs in the word **nuit**. It is spelled with the vowel **u**, as in the French word **tu**, then glides into the following sound.

lui **suis** **cruel** **intellectuel**

1 **Prononcez** Répétez les mots suivants à voix haute.

1. oui	4. fille	7. minuit	10. juillet
2. taille	5. mois	8. jouer	11. échouer
3. suisse	6. cruel	9. cuisine	12. croissant

2 **Articulez** Répétez les phrases suivantes à voix haute.

1. Voici trois poissons noirs.
2. Louis et sa famille sont suisses.
3. Parfois, Grégoire fait de la cuisine chinoise.
4. Aujourd'hui, Matthieu et Damien vont travailler.
5. Françoise a besoin de faire ses devoirs d'histoire.
6. La fille de Monsieur Poirot va conduire pour la première fois.

3 **Dictons** Répétez les dictons à voix haute.

1. La nuit, tous les chats sont gris.
2. Vouloir, c'est pouvoir.

4 **Dictée** You will hear six sentences. Each will be said twice. Listen carefully and write what you hear.

1. ______
2. ______
3. ______
4. ______
5. ______
6. ______

Audio Activities

Nom ____________________ Date ____________________

STRUCTURES

PB.1 The passé composé vs. the imparfait: Summary

1 **Identifiez** Listen to each statement and identify the verbs in the **imparfait** and the **passé composé**. Write them in the appropriate column.

Modèle

You hear: Quand je suis entrée dans la cuisine, maman faisait la vaisselle.
You write: *suis entrée* under **passé composé** and *faisait* under **imparfait**

	Imparfait	Passé composé
Modèle	faisait	suis entrée
1.		
2.		
3.		
4.		
5.		
6.		
7.		
8.		

2 **Répondez** Answer the questions using cues in your lab manual. Substitute direct object pronouns for the direct object nouns when appropriate. Repeat the correct response after the speaker.

Modèle

You hear: Pourquoi as-tu passé l'aspirateur?
You see: la cuisine / être sale
You say: *Je l'ai passé parce que la cuisine était sale.*

1. avoir des invités
2. pleuvoir
3. être fatigué
4. avoir soif
5. ranger l'appartement
6. faire beau
7. pendant que Myriam / préparer le repas
8. être malade

3 **Vrai ou faux?** Listen as Coralie tells you about her childhood. Then read the statements in your lab book and decide whether they are **vrai** or **faux**.

	Vrai	Faux
1. Quand elle était petite, Coralie habitait à Paris avec sa famille.	❍	❍
2. Son père était architecte.	❍	❍
3. Coralie a des frères et une sœur.	❍	❍
4. Tous les soirs, Coralie mettait la table.	❍	❍
5. Sa mère sortait le chien après dîner.	❍	❍
6. Un jour, ses parents ont tout vendu.	❍	❍
7. Coralie aime beaucoup habiter près de la mer.	❍	❍

Audio Activities

Nom ____________________ Date ____________________

PB.2 The verbs savoir and connaître

1

Connaître ou savoir You will hear some sentences with a beep in place of the verb. Decide which form of **connaître** or **savoir** should complete each sentence and circle it.

	a.	b.
1.	a. sais	b. connais
2.	a. sait	b. connaît
3.	a. savons	b. connaissons
4.	a. connaissent	b. savent
5.	a. connaissez	b. savez
6.	a. connaissons	b. savons

2

Changez Listen to the following statements and say that you do the same activities. Repeat the correct answer after the speaker. (*6 items*)

Modèle

Alexandre sait parler chinois.
Moi aussi, je sais parler chinois.

3

Répondez Answer each question using the cue that you hear. Repeat the correct response after the speaker. (*6 items*)

Modèle

Est-ce que tes parents connaissent tes amis? (oui)
Oui, mes parents connaissent mes amis.

4

Mon amie Listen as Salomé describes her roommate Then read the statements in your lab manual and decide whether they are **vrai** or **faux**.

	Vrai	Faux
1. Salomé a connu Christine au bureau.	❍	❍
2. Christine sait parler russe.	❍	❍
3. Christine sait danser.	❍	❍
4. Salomé connaît maintenant des recettes.	❍	❍
5. Christine sait passer l'aspirateur.	❍	❍
6. Christine ne sait pas repasser.	❍	❍

Audio Activities

Nom ______________________ Date ______________________

Unité 1

Leçon 1A

CONTEXTES

1 **Identifiez** Listen to each question and mark an X in the appropriate category.

Modèle

You hear: Un steak, qu'est-ce que c'est?
You mark: **X** under **viande**

	viande	poisson	légume(s)	fruit(s)
Modèle	X			
1.				
2.				
3.				
4.				
5.				
6.				
7.				
8.				
9.				
10.				

2 **Quelques suggestions** Listen to each sentence and write the number under the drawing of the food mentioned.

a. __________

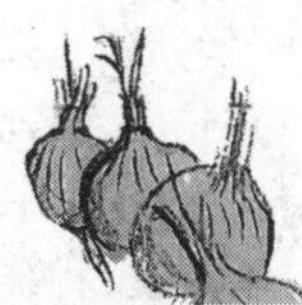
b. __________

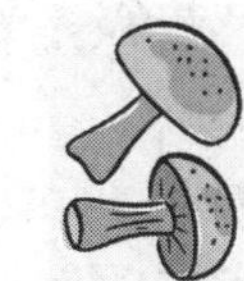
c. __________

d. __________

e. __________

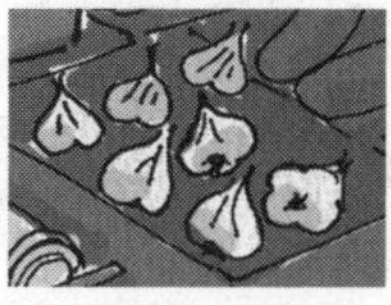
f. __________

g. __________

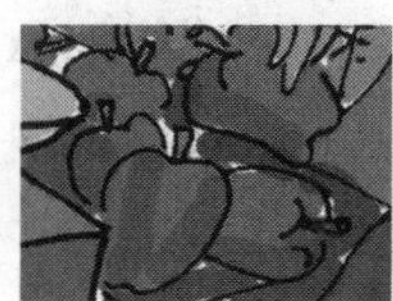
h. __________

3 **Au restaurant** You will hear a couple ordering food in a restaurant. Write the items they order in the appropriate category.

	LÉA	THÉO
Pour commencer		
Viande ou poisson		
Légumes		
Dessert		
Boisson		

Audio Activities

LES SONS ET LES LETTRES

e caduc and e muet

In D'ACCORD! Level 1, you learned that the vowel **e** in very short words is pronounced similarly to the *a* in the English word *about*. This sound is called an **e caduc**. An **e caduc** can also occur in longer words and before words beginning with vowel sounds.

rechercher devoirs le haricot le onze

An **e caduc** occurs in order to break up clusters of several consonants.

appartement quelquefois poivre vert gouvernement

An **e caduc** is sometimes called **e muet** (*mute*). It is often dropped in spoken French.

Tu ne sais pas. Je veux bien! C'est un livre intéressant.

An unaccented **e** before a single consonant sound is often silent unless its omission makes the word difficult to pronounce.

semaine petit finalement

An unaccented **e** at the end of a word is usually silent and often marks a feminine noun or adjective.

fraise salade intelligente jeune

Audio Activities

1 **Prononcez** Répétez les mots suivants à voix haute.

1. vendredi
2. logement
3. exemple
4. devenir
5. tartelette
6. finalement
7. boucherie
8. petits pois
9. pomme de terre
10. malheureusement

2 **Articulez** Répétez les phrases suivantes à voix haute.

1. Tu ne vas pas prendre de casquette?
2. J'étudie le huitième chapitre maintenant.
3. Il va passer ses vacances en Angleterre.
4. Marc me parle souvent au téléphone.
5. Mercredi, je réserve dans une auberge.
6. Finalement, ce petit logement est bien.

3 **Dictons** Répétez les dictons à voix haute.

1. L'habit ne fait pas le moine.
2. Le soleil luit pour tout le monde.

4 **Dictée** You will hear six sentences. Each will be said twice. Listen carefully and write what you hear.

1. ______
2. ______
3. ______
4. ______
5. ______
6. ______

Nom ______________________ Date ______________________

STRUCTURES

1A.1 The verb **venir** and the **passé récent**

1 **Identifiez** Listen to each sentence and decide whether the verb is in the near future or recent past. Mark an X in the appropriate column.

Modèle

You hear: Pierre vient d'aller au marché.
You mark: an **X** under *passé récent*

	passé récent	futur proche
Modèle	X	
1.		
2.		
3.		
4.		
5.		
6.		
7.		
8.		

2 **Changez** Change each sentence from the **passé composé** to the **passé récent** using the correct form of **venir de**. Repeat the correct answer after the speaker. (*6 items*)

Modèle

Éric et Mathilde sont allés en Corse.
Éric et Mathilde viennent d'aller en Corse.

3 **Répondez** Use the **passé récent** to answer each question you hear. Repeat the correct response after the speaker. (*5 items*)

Modèle

Tu vas téléphoner à Martin?
Je viens de téléphoner à Martin.

Audio Activities

1A.2 The verbs devoir, vouloir, pouvoir

1 **Changez** Form a new sentence using the cue you hear as the subject. Repeat the correct answer after the speaker. (*6 items*)

Modèle

Je veux apprendre le français. (Mike et Sara)
Mike et Sara veulent apprendre le français.

2 **Répondez** Answer each question you hear using the cue in your lab manual. Repeat the correct answer after the speaker.

Modèle

You hear: Est-ce que tu as pu faire tes devoirs hier soir?
You see: non
You say: Non, je n'ai pas pu faire mes devoirs hier soir.

1. à midi
2. des légumes
3. étudier régulièrement
4. vouloir manger des escargots
5. au marché
6. au cinéma

3 **La fête** Listen to the following description. Then read the statements in your lab manual and decide whether they are **vrai** or **faux**.

	Vrai	Faux
1. Madeleine est heureuse de pouvoir aller à l'anniversaire de Sophie.	❍	❍
2. Elle n'a pas voulu dire à Sophie qu'elle était fatiguée.	❍	❍
3. Elle a pu parler à Sophie dans l'après-midi.	❍	❍
4. Sophie a invité qui elle voulait.	❍	❍
5. Sophie et ses amis peuvent danser toute la nuit.	❍	❍
6. Madeleine doit organiser la musique chez Sophie.	❍	❍

4 **Complétez** Nathalie is at her neighbor's house. Listen to what she says and write the missing words in your lab manual.

Bonjour, excusez-moi, est-ce que (1) ______ utiliser votre téléphone, s'il vous plaît? (2) ______ appeler un taxi immédiatement. Ma famille et moi, (3) ______ partir tout de suite chez ma belle-mère. La situation est assez grave. (4) ______ donner à manger à notre chat quelques jours? Mon mari et moi, (5) ______ revenir au plus vite. Les enfants (6) ______ retourner à l'école la semaine prochaine et mon mari ne (7) ______ pas être absent de son bureau plus d'une semaine, mais nous ne (8) ______ pas vous donner de date précise. Si vous ne (9) ______ pas donner à manger à notre chat tous les jours, (10) ______ aussi demander à un autre voisin de venir.

Unité 1

Leçon 1B

CONTEXTES

1 **Logique ou illogique?** Listen to each statement and indicate whether they are **logique** or **illogique**.

	Logique	Illogique
1.	❍	❍
2.	❍	❍
3.	❍	❍
4.	❍	❍
5.	❍	❍
6.	❍	❍
7.	❍	❍
8.	❍	❍

2 **Choisissez** Listen to each statement and choose the option that completes it logically.

1. a. Il la goûte.
   b. Il la débarrasse.
2. a. Nous achetons un poivron.
   b. Nous achetons du pâté de campagne.
3. a. Le garçon la vend.
   b. Le garçon l'apporte.
4. a. avec une fourchette.
   b. avec une cuillère.
5. a. dans un verre.
   b. dans un bol.
6. a. une cuillère de sucre.
   b. une cuillère de mayonnaise.

3 **À table!** Céline has something to do tonight. Write down what it is. Then list what she has put on the table and what she has forgotten.

1. Céline doit ______________________________
   ____
2. Céline a mis ______________________________
   ____
3. Céline a oublié ______________________________
   ____

Nom ____________________ Date ____________________

LES SONS ET LES LETTRES

Stress and rhythm

In French, all syllables are pronounced with more or less equal stress, but the final syllable in a phrase is elongated slightly.

Je fais souvent du **sport**, mais aujourd'hui j'ai envie de rester à la mai**son**.

French sentences are divided into three basic kinds of rhythmic groups.

Noun phrase	*Verb phrase*	*Prepositional phrase*
Caroline et Dominique	sont venues	chez moi.

The final syllable of a rhythmic group may be slightly accentuated either by rising intonation (pitch) or elongation.

Caroline et Dominique sont venues chez moi.

In English, you can add emphasis by placing more stress on certain words. In French, you can repeat the word to be emphasized by adding a pronoun or you can elongate the first consonant sound.

Je ne sais pas, **moi**. Quel **id**iot! C'est **f**antastique!

1 **Prononcez** Répétez les phrases suivantes à voix haute.

1. Ce n'est pas vrai, ça.
2. Bonjour, Mademoiselle.
3. Moi, je m'appelle Florence.
4. La clé de ma chambre, je l'ai perdue.
5. Je voudrais un grand café noir et un croissant, s'il vous plaît.
6. Nous allons tous au marché, mais Marie, elle, va au centre commercial.

2 **Articulez** Répétez les phrases en mettant l'emphase sur les mots indiqués.

1. C'est *impossible*!
2. Le film était *super*!
3. Cette tarte est *délicieuse*!
4. Quelle idée *extraordinaire*!
5. Ma sœur parle *constamment*.

3 **Dictons** Répétez les dictons à voix haute.

1. Les chemins les plus courts ne sont pas toujours les meilleurs.
2. Le chat parti, les souris dansent.

4 **Dictée** You will hear six sentences. Each will be said twice. Listen carefully and write what you hear.

1. ____________________
2. ____________________
3. ____________________
4. ____________________
5. ____________________
6. ____________________

Audio Activities

STRUCTURES

1B.1 Comparatives and superlatives of adjectives and adverbs

1 **Choisissez** You will hear a series of descriptions. Choose the statement in your lab manual that expresses the correct comparison.

1. a. Simone est plus jeune que Paul. b. Simone est moins jeune que Paul.
2. a. Pierre joue moins bien que Luc. b. Pierre joue mieux que Luc.
3. a. Je regarde la télé plus souvent que toi. b. Je regarde la télé aussi souvent que toi.
4. a. Claire est plus belle qu'Odile. b. Claire est moins belle qu'Odile.
5. a. Abdel étudie plus tard que Pascal. b. Pascal étudie plus tard qu'Abdel.
6. a. Je sors aussi souvent que Julie. b. Je sors moins souvent que Julie.

2 **Comparez** Look at each drawing and answer the question you hear with a comparative statement. Repeat the correct response after the speaker.

1. **Mario, Lucie**

2. **François, Léo**

3. **Alice, Joséphine**

3 **Pas d'accord** Olivier and Juliette never agree. Respond to each one of Olivier's statements using the opposite comparative. Repeat the correct response after the speaker. (6 *items*)

Modèle

Malika est plus amusante que Julie.
Non, Malika est moins amusante que Julie.

4 **Répondez** Answer each statement you hear using the absolute superlative. Repeat the correct response after the speaker. (6 *items*)

Modèle

Les magasins sur cette avenue sont très chers.
Oui, les magasins sur cette avenue sont les plus chers.

Audio Activities

Nom ______________________ Date ______________________

1B.2 Double object pronouns

1 **Choisissez** Listen to each statement and choose the correct response.

1. a. Elle la lui a demandée. b. Elle le lui a demandé.
2. a. Il la lui a apportée. b. Il les lui a apportées.
3. a. Il le lui a décrit. b. Il le leur a décrit.
4. a. Il vous la prépare. b. Il vous le prépare.
5. a. Il les lui a demandées. b. Il la lui a demandée.
6. a. Ils vont le lui laisser. b. Ils vont les lui laisser.

2 **Changez** Repeat each statement replacing the direct and indirect object nouns with pronouns. Repeat the correct answer after the speaker. (*6 items*)

Modèle
J'ai posé la question à Michel.
Je la lui ai posée.

3 **Répondez** Answer the questions using the cues you hear. Repeat the correct answer after the speaker. (*6 items*)

Modèle
Vous me servez les escargots? (non)
Non, je ne vous les sers pas.

4 **Complétez** Magali is talking to her friend Pierre about a party. Listen to what they say and write the missing words in your lab manual.

MAGALI Jeudi prochain, c'est l'anniversaire de Jennifer et je veux lui faire une fête surprise. Elle travaille ce jour-là, alors je (1) ______________________ pour samedi.

PIERRE C'est une très bonne idée. Ne t'inquiète pas, je ne vais pas (2) ______________________. Si tu veux, je peux l'emmener au cinéma pendant que tu prépares la fête.

MAGALI D'accord. Julien m'a donné quelques idées pour la musique et pour les boissons. Il (3) ______________________ quand nous avons parlé hier soir.

PIERRE Super! Tu as pensé au gâteau au chocolat? Je peux (4) ______________________. C'est ma spécialité!

MAGALI Merci, c'est vraiment gentil. Jennifer adore le chocolat, elle va l'adorer!

PIERRE Et pour le cadeau?

MAGALI Je vais (5) ______________________ cet après-midi. Elle m'a parlé d'une jupe noire qu'elle aime beaucoup dans un magasin près de chez moi. Je vais (6) ______________________.

PIERRE Tu as raison, le noir lui va bien.

MAGALI Bon, je pars faire mes courses. À plus tard!

PIERRE À samedi, Magali!

Audio Activities

Nom ____________________ Date ____________________

Unité 2

Leçon 2A

CONTEXTES

1 **Décrivez** For each drawing you will hear two statements. Choose the one that corresponds to it.

1. a. b. 2. a. b. 3. a. b. 4. a. b.

2 **Répondez** Laure is going to baby-sit your nephew. Answer the questions about his daily routine using the cues in your lab manual. Repeat the correct response after the speaker.

Modèle

You hear: À quelle heure est-ce qu'il prend son petit-déjeuner?
You see: 8h00
You say: **Il prend son petit-déjeuner à huit heures.**

1. 7h30
2. faire sa toilette
3. 9h15
4. non
5. avec la serviette rouge
6. après tous les repas

3 **La routine de Frédéric** Listen to Frédéric talk about his daily routine. Then read the statements in your lab manual and decide whether they are vrai or faux.

	Vrai	Faux
1. Frédéric se réveille tous les matins à six heures.	❍	❍
2. Frédéric va acheter une baguette à la boulangerie.	❍	❍
3. Frédéric prépare le café.	❍	❍
4. Frédéric se maquille.	❍	❍
5. Frédéric se lave et se rase.	❍	❍
6. Frédéric s'habille lentement.	❍	❍
7. Frédéric ne se brosse jamais les dents.	❍	❍

Audio Activities

Nom ______________________ Date ______________________

LES SONS ET LES LETTRES

ch, qu, ph, th, and gn

The letter combination **ch** is usually pronounced like the English *sh*, as in the word *shoe*.

chat **ch**ien **ch**ose en**ch**anté

In words borrowed from other languages, the pronunciation of **ch** may be irregular. For example, in words of Greek origin, **ch** is pronounced **k**.

psy**ch**ologie te**ch**nologie ar**ch**aïque ar**ch**éologie

The letter combination **qu** is almost always pronounced like the letter **k**.

quand prati**qu**er kios**qu**e **qu**elle

The letter combination **ph** is pronounced like an **f**.

télé**ph**one **ph**oto pro**ph**ète géogra**ph**ie

The letter combination **th** is pronounced like the letter **t**. English *th* sounds, as in the words *this* and *with*, never occur in French.

thé a**th**lète biblio**th**èque sympa**th**ique

The letter combination **gn** is pronounced like the sound in the middle of the English word *onion*.

monta**gn**e espa**gn**ol ga**gn**er Allema**gn**e

1 **Prononcez** Répétez les mots suivants à voix haute.

1. thé
2. quart
3. chose
4. question
5. cheveux
6. parce que
7. champagne
8. casquette
9. philosophie
10. fréquenter
11. photographie
12. sympathique

2 **Articulez** Répétez les phrases suivantes à voix haute.

1. Quentin est martiniquais ou québécois?
2. Quelqu'un explique la question à Joseph.
3. Pourquoi est-ce que Philippe est inquiet?
4. Ignace prend une photo de la montagne.
5. Monique fréquente un café en Belgique.
6. Théo étudie la physique.

3 **Dictons** Répétez les dictons à voix haute.

1. La vache la première au pré lèche la rosée.
2. N'éveillez pas le chat qui dort.

4 **Dictée** You will hear six sentences. Each will be said twice. Listen carefully and write what you hear.

1. ______________________
2. ______________________
3. ______________________
4. ______________________
5. ______________________
6. ______________________

Audio Activities

Nom ______________________ Date ______________________

STRUCTURES

2A.1 Reflexive verbs

1 **Transformez** Form a new sentence using the cue you hear. Repeat the correct answer after the speaker. (*6 items*)

Modèle

Je me lève à huit heures. (mon frère)
Mon frère se lève à huit heures.

2 **Répondez** Answer each question you hear using the cues in your lab manual. Repeat the correct response after the speaker.

Modèle

You hear: Tu prends un bain tous les matins?
You see: non
You say: **Non, je ne prends pas de bain tous les matins.**

1. tôt
2. le matin
3. oui / nous
4. non
5. non
6. après minuit

3 **Qu'est-ce qu'il dit?** Listen to Gérard talk about his family. Replace what he says with a reflexive verb. Repeat the correct response after the speaker. (*6 items*)

Modèle

Je sors de mon lit.
Je me lève.

4 **En vacances** Answer each question you hear with a command using the cue you hear. Repeat the correct response after the speaker. (*8 items*)

Modèle

Je prends un bain? (non)
Non, ne prends pas de bain.

Audio Activities

Nom ______________________ Date ______________________

2A.2 Reflexives: Sens idiomatique

1 **Décrivez** For each drawing you will hear two statements. Choose the one that corresponds to the drawing.

1. a. b. 2. a. b. 3. a. b. 4. a. b.

2 **Répondez** Answer each question you hear in the affirmative. Repeat the correct response after the speaker. (*6 items*)

Modèle

Est-ce que tu t'entends bien avec ta sœur?
Oui, je m'entends bien avec ma sœur.

3 **Les deux sœurs** Listen as Amélie describes her relationship with her sister. Then read the statements in your lab manual and decide whether they are vrai or faux.

	Vrai	Faux
1. Amélie et Joëlle s'entendent bien.	❍	❍
2. Elles s'intéressent à la politique.	❍	❍
3. Elles ne se disputent jamais.	❍	❍
4. Quand elles sont ensemble, elles s'ennuient parfois.	❍	❍
5. Amélie est étudiante et Joëlle travaille.	❍	❍
6. Joëlle s'habille très bien.	❍	❍
7. Le samedi, elles se reposent dans un parc du centre-ville.	❍	❍
8. Elles s'énervent quand elles essaient des robes et des tee-shirts.	❍	❍

Audio Activities

Nom ______________________ Date ______________________

Unité 2

Leçon 2B

CONTEXTES

1 **Décrivez** For each drawing you will hear two statements. Choose the one that corresponds to the drawing.

2 **Identifiez** You will hear a series of words. Write each one in the appropriate category.

Modèle

You hear: Il tousse.
You write: **tousse** under **symptôme**

	endroit	symptôme	diagnostic	traitement
Modèle		**tousse**		
1.				
2.				
3.				
4.				
5.				
6.				
7.				
8.				
9.				
10.				

Nom ______________________ Date ______________________

LES SONS ET LES LETTRES

p, t, and c

Read the following English words aloud while holding your hand an inch or two in front of your mouth. You should feel a small burst of air when you pronounce each of the consonants.

pan **top** **cope** **pat**

In French, the letters **p**, **t**, and **c** are not accompanied by a short burst of air. This time, try to minimize the amount of air you exhale as you pronounce these consonants. You should feel only a very small burst of air or none at all.

panne **taupe** **capital** **cœur**

To minimize a **t** sound, touch your tongue to your teeth and gums, rather than just your gums.

taille **tête** **tomber** **tousser**

Similarly, you can minimize the force of a **p** by smiling slightly as you pronounce it.

pied **poitrine** **pilule** **piqûre**

When you pronounce a hard **k** sound, you can minimize the force by releasing it very quickly.

corps **cou** **casser** **comme**

1 **Prononcez** Répétez les mots suivants à voix haute.

1. plat
2. cave
3. tort
4. timide
5. commencer
6. travailler
7. pardon
8. carotte
9. partager
10. problème
11. rencontrer
12. confiture
13. petits pois
14. colocataire
15. canadien

2 **Articulez** Répétez les phrases suivantes à voix haute.

1. Paul préfère le tennis ou les cartes?
2. Claude déteste le poisson et le café.
3. Claire et Thomas ont-ils la grippe?
4. Tu préfères les biscuits ou les gâteaux?

3 **Dictons** Répétez les dictons à voix haute.

1. Les absents ont toujours tort.
2. Il n'y a que le premier pas qui coûte.

4 **Dictée** You will hear six sentences. Each will be said twice. Listen carefully and write what you hear.

1. ______________________
2. ______________________
3. ______________________
4. ______________________
5. ______________________
6. ______________________

Audio Activities

STRUCTURES

2B.1 The passé composé of reflexive verbs

1 **Identifiez** Listen to each sentence and decide whether the verb is in the présent, imparfait, or passé composé.

Modèle

You hear: Michel a mal aux dents.
You mark: an **X** under **présent**

	présent	**imparfait**	**passé composé**
Modèle	X		
1.			
2.			
3.			
4.			
5.			
6.			
7.			
8.			
9.			
10.			

2 **Changez** Change each sentence from the **présent** to the **passé composé.** Repeat the correct answer after the speaker. (*8 items*)

Modèle

Nous nous reposons après le tennis.
Nous nous sommes reposés après le tennis.

3 **Répondez** Answer each question you hear using the cue in your lab manual. Repeat the correct response after the speaker.

Modèle

You hear: Est-ce que tu t'es ennuyé au concert?
You see: non
You say: *Non, je ne me suis pas ennuyé au concert.*

1. se promener 2. se tromper d'adresse 3. non 4. tôt 5. bien sûr 6. oui

4 **Complétez** Listen to Véronique's story and write the missing words in your lab manual.

Manon (1) _______________ quand Véronique, sa fille de onze ans, n'est pas rentrée de l'école à cinq heures. Elle (2) _______________ de lire et a regardé par la fenêtre. À cinq heures et demie, elle (3) _______________. Dans la rue, à six heures, Véronique (4) _______________ de rentrer. Qu'est-il arrivé à Véronique? Elle est sortie de l'école avec une amie; elles (5) _______________ et elles (6) _______________ dans une boulangerie. Véronique a ensuite quitté son amie, mais elle (7) _______________ de rue. Quand Véronique est finalement rentrée à la maison, Manon (8) _______________. Véronique (9) _______________ que sa mère avait eu peur et elles ont rapidement arrêté de (10) _______________.

Audio Activities

2B.2 The pronouns y and en

1 **Choisissez** Listen to each question and choose the most logical answer.

1. a. Non, je n'en ai pas. b. Non, je n'y ai pas.
2. a. Oui, nous les faisons. b. Oui, nous en faisons.
3. a. Oui, il en fait régulièrement. b. Oui, il y va régulièrement.
4. a. Non, nous en prenons pas souvent. b. Non, nous n'en prenons pas souvent.
5. a. Oui, ils n'y sont pas allés. b. Oui, ils y sont allés.
6. a. Non, je ne vais pas en boire. b. Non, je n'en bois pas.
7. a. Oui, nous y allons. b. Oui, nous en allons.
8. a. Oui, nous y revenons. b. Oui, nous en revenons.

2 **Changez** Restate each sentence you hear using the pronouns y or en. Repeat the correct answer after the speaker. (*8 items*)

Modèle

Nous sommes allés chez le dentiste.
Nous y sommes allés.

3 **Répondez** André is at his doctor's for a check-up. Answer each question using the cues you hear. Repeat the correct answer after the speaker. (*6 items*)

Modèle

Vous habitez à Lyon? (oui)
Oui, j'y habite.

4 **Aux urgences** Listen to the dialogue between the nurse, Madame Pinon, and her daughter Florence, and write the missing answers in your lab manual.

1. **INFIRMIÈRE** C'est la première fois que vous venez aux urgences?
2. **MME PINON** _______________
3. **INFIRMIÈRE** Vous avez un médecin?
4. **MME PINON** _______________
5. **INFIRMIÈRE** Vous avez une allergie, Mademoiselle?
6. **FLORENCE** _______________
7. **MME PINON** Vous allez lui faire une piqûre?
8. **INFIRMIÈRE** _______________

Audio Activities

Unité 3

Leçon 3A

CONTEXTES

1 **Associez** Circle the word or words that are logically associated with each word you hear.

1. imprimante	CD	écran
2. clavier	page d'accueil	être connecté
3. enregistrer	éteindre	sonner
4. téléphone	baladeur CD	portable
5. démarrer	fermer	sauvegarder
6. télévision	stéréo	jeu vidéo

2 **Logique ou illogique?** Listen to these statements and indicate whether each one is **logique** or **illogique**.

	Logique	Illogique
1.	O	O
2.	O	O
3.	O	O
4.	O	O
5.	O	O
6.	O	O
7.	O	O
8.	O	O

3 **Décrivez** For each drawing, you will hear three statements. Choose the one that corresponds to the drawing.

1. a. b. c.

2. a. b. c.

Nom ____________________ Date ____________________

LES SONS ET LES LETTRES

Final consonants

You already learned that final consonants are usually silent, except for the letters **c**, **r**, **f**, and **l**.

avec	hiver	chef	hôtel

You've probably noticed other exceptions to this rule. Often, such exceptions are words borrowed from other languages. These final consonants are pronounced.

Latin	*English*	*Inuit*	*Latin*
foru**m**	sno**b**	anora**k**	ga**z**

Numbers, geographical directions, and proper names are common exceptions.

cin**q**	su**d**	Agnè**s**	Maghre**b**

Some words with identical spellings are pronounced differently to distinguish between meanings or parts of speech.

fils = *son* fils = *threads*

tous (pronoun) = *everyone* tous (adjective) = *all*

The word **plus** can have three different pronunciations.

plus de (silent s) plu**s** que (s sound) plus ou moins (z sound in liaison)

1 **Prononcez** Répétez les mots suivants à voix haute.

1. cap
2. six
3. truc
4. club
5. slip
6. actif
7. strict
8. avril
9. index
10. Alfred
11. bifteck
12. bus

2 **Articulez** Répétez les phrases suivantes à voix haute.

1. Leur fils est gentil, mais il est très snob.
2. Au restaurant, nous avons tous pris du bifteck.
3. Le sept août, David assiste au forum sur le Maghreb.
4. Alex et Ludovic jouent au tennis dans un club de sport.
5. Prosper prend le bus pour aller à l'est de la ville.

3 **Dictons** Répétez les dictons à voix haute.

1. Plus on boit, plus on a soif.
2. Un pour tous, tous pour un!

4 **Dictée** You will hear eight sentences. Each will be read twice. Listen carefully and write what you hear.

1. ____________________
2. ____________________
3. ____________________
4. ____________________
5. ____________________
6. ____________________
7. ____________________
8. ____________________

Audio Activities

Nom ______________________ Date ______________________

STRUCTURES

3A.1 Prepositions with the infinitive

1 **Identifiez** Listen to each statement and mark an **X** in the column of the preposition you hear before the infinitive.

Modèle

You hear: Yasmina n'a pas pensé à acheter des fleurs.
You mark: an **X** under **à**

	à	de	pas de préposition
Modèle	X	____	____
1.	____	____	____
2.	____	____	____
3.	____	____	____
4.	____	____	____
5.	____	____	____
6.	____	____	____
7.	____	____	____
8.	____	____	____

2 **Choisissez** You will hear some statements with a beep in place of the preposition. Decide which preposition should complete each sentence.

	à	de		à	de
1.	O	O	5.	O	O
2.	O	O	6.	O	O
3.	O	O	7.	O	O
4.	O	O	8.	O	O

3 **Questions** Answer each question you hear in the affirmative, using the cue in your lab manual. Repeat the correct response after the speaker.

Modèle

You hear: Tu as réussi?
You see: fermer le logiciel
You say: Oui, j'ai réussi à fermer le logiciel.

1. télécharger le document
2. enregistrer
3. utiliser le caméscope
4. se connecter
5. éteindre le magnétoscope
6. imprimer des photos
7. surfer jusqu'à 11 heures
8. partir tout de suite

4 **Finissez** You will hear incomplete sentences. Choose the correct ending for each sentence.

1. a. à sauvegarder mon document. b. de trouver la solution.
2. a. d'acheter un nouveau logiciel. b. éteindre l'ordinateur.
3. a. à sortir le soir. b. de regarder la télé.
4. a. acheter un caméscope ce week-end. b. à trouver un appareil photo pas trop cher.
5. a. de fermer la fenêtre. b. éteindre le moniteur.
6. a. d'essayer un nouveau jeu vidéo? b. à nettoyer son bureau?

Audio Activities

Nom ______________________ Date ______________________

3A.2 Reciprocal reflexives

1 **Questions** Answer each question you hear in the negative. Repeat the correct response after the speaker. (*6 items*)

> ***Modèle***
> Est-ce que vous vous êtes rencontrés ici?
> *Non, nous ne nous sommes pas rencontrés ici.*

2 **Conjuguez** Form a new sentence using the cue you hear as the subject. Repeat the correct answer after the speaker. (*6 items*)

> ***Modèle***
> Marion s'entend bien avec sa famille. (vous)
> *Vous vous entendez bien avec votre famille.*

3 **Identifiez** Listen to Clara describe her relationship with her friend Anne. Listen to each sentence and write the infinitive(s) of the verb(s) you hear.

1. ______________________
2. ______________________
3. ______________________
4. ______________________
5. ______________________
6. ______________________
7. ______________________
8. ______________________

4 **Les rencontres** Listen to each statement and write the number of the statement below the drawing it describes. There are more statements than there are drawings.

a. ______________

b. ______________

c. ______________

d. 

e. ______________

Audio Activities

Nom ____________________ Date ____________________

Unité 3

Leçon 3B

CONTEXTES

1 **Logique ou illogique?** Listen to these statements and indicate whether each one is **logique** or **illogique**.

	Logique	Illogique		Logique	Illogique
1.	❍	❍	5.	❍	❍
2.	❍	❍	6.	❍	❍
3.	❍	❍	7.	❍	❍
4.	❍	❍	8.	❍	❍

2 **Les problèmes** Listen to people complaining about problems with their car and decide whether they need to take their car to the garage to get repaired or not.

Modèle

You hear: Mon embrayage est cassé.
You mark: an **X** under **Visite chez le mécanicien nécessaire**

	Visite chez le mécanicien nécessaire	Visite pas nécessaire
Modèle	X	
1.		
2.		
3.		
4.		
5.		
6.		
7.		
8.		

3 **Décrivez** For each drawing, you will hear three brief descriptions. Indicate whether they are **vrai** or **faux** according to what you see.

1. a. vrai a. faux
   b. vrai b. faux
   c. vrai c. faux

2. a. vrai a. faux
   b. vrai b. faux
   c. vrai c. faux

1.

2.

Audio Activities

Nom ____________ Date ____________

LES SONS ET LES LETTRES

The letter x

The letter **x** in French is sometimes pronounced *-ks*, like the *x* in the English word *axe*.

taxi expliquer mexicain texte

Unlike English, some French words begin with a *gz-* sound.

xylophone xénon xénophile **X**avière

The letters **ex-** followed by a vowel are often pronounced like the English word *eggs*.

exemple **exa**men **exi**l **exa**ct

Sometimes an **x** is pronounced *s*, as in the following numbers.

soixante six dix

An **x** is pronounced *z* in a liaison. Otherwise, an **x** at the end of a word is usually silent.

deux enfants six éléphants mieux curieux

1 Prononcez Répétez les mots suivants à voix haute.

1. fax
2. eux
3. dix
4. prix
5. jeux
6. index
7. excuser
8. exercice
9. orageux
10. expression
11. contexte
12. sérieux

2 Articulez Répétez les phrases suivantes à voix haute.

1. Les amoureux sont devenus époux.
2. Soixante-dix euros! La note (*bill*) du taxi est exorbitante!
3. Alexandre est nerveux parce qu'il a deux examens.
4. Xavier explore le vieux quartier d'Aix-en-Provence.
5. Le professeur explique l'exercice aux étudiants exceptionnels.

3 Dictons Répétez les dictons à voix haute.

1. Les beaux esprits se rencontrent.
2. Les belles plumes font les beaux oiseaux.

4 Dictée You will hear eight sentences. Each will be read twice. Listen carefully and write what you hear.

1. ____________
2. ____________
3. ____________
4. ____________
5. ____________
6. ____________
7. ____________
8. ____________

Audio Activities

Nom ______________________ Date ______________________

STRUCTURES

3B.1 The verbs ouvrir and offrir

1 **Identifiez** Listen to each sentence and write the infinitive of the verb you hear.

Modèle

You hear: J'offre rarement des fleurs à mes enfants.
You write: offrir

1. ______________ 5. ______________
2. ______________ 6. ______________
3. ______________ 7. ______________
4. ______________ 8. ______________

2 **Conjuguez** Form a new sentence using the cue you hear as the subject. Repeat the correct answer after the speaker. (6 *items*)

Modèle

Il ouvre le magasin tous les matins. (nous)
Nous ouvrons le magasin tous les matins.

3 **Questions** Answer each question you hear using the cue in your lab manual. Repeat the correct response after the speaker.

Modèle

You hear: Comment tu as ouvert ce fichier?
You see: mot de passe
You say: **J'ai ouvert ce fichier avec un mot de passe.**

1. un nouvel ordinateur
2. il y a deux jours
3. le soir
4. rarement
5. un voyage au Maroc
6. de cuir (*leather*)

4 **Décrivez** For each drawing, you will hear two statements. Choose the one that corresponds to the drawing.

1. 

2. 

3. 

4. 

1. a. b.
2. a. b.
3. a. b.
4. a. b.

Audio Activities

3B.2 Le conditionnel

1 **Choisissez** Listen to each sentence and decide whether you hear a verb in the indicative or the conditional.

1. indicatif conditionnel
2. indicatif conditionnel
3. indicatif conditionnel
4. indicatif conditionnel
5. indicatif conditionnel
6. indicatif conditionnel
7. indicatif conditionnel
8. indicatif conditionnel

2 **Identifiez** Listen to each sentence and write the infinitive of the conjugated verb you hear.

Modèle

You hear: Nous pourrions prendre l'autre voiture.
You write: **pouvoir**

1. ______________________
2. ______________________
3. ______________________
4. ______________________
5. ______________________
6. ______________________

3 **Complétez** Form a new sentence using the cue you hear as the subject. Repeat the correct response after the speaker. (*6 items*)

Modèle

Je vérifierais la pression des pneus. (le mécanicien).
Le mécanicien vérifierait la pression des pneus.

4 **Identifiez** Listen to Ophélie talk about what her life would be like if she had a car. Write the missing verbs.

Je (1) ______________________ (vouloir) une voiture à tout prix (*at any price*)! Si j'avais une voiture, je (2) ______________________ (pouvoir) travailler loin de la maison. Je (3) ______________________ (ne pas avoir) besoin de prendre le train et le bus. Mes amis et moi (4) ______________________ (aller) souvent en voiture au centre-ville pour faire du shopping ou voir des films. Et on (5) ______________________ (dîner) parfois ensemble au restaurant. Ce (6) ______________________ (être) bien! Et puis, le week-end, on (7) ______________________ (rentrer) tard à la maison. Mais avant d'acheter une voiture, je (8) ______________________ (devoir) avoir mon permis de conduire!

Audio Activities

Nom ______________________ Date ______________________

Unité 4

Leçon 4A

CONTEXTES

1 **Logique ou illogique?** Listen to these sentences and indicate whether each one is **logique** or **illogique**.

	Logique	Illogique
1.	❍	❍
2.	❍	❍
3.	❍	❍
4.	❍	❍
5.	❍	❍
6.	❍	❍
7.	❍	❍
8.	❍	❍

2 **Les courses** Look at the drawing in your lab manual and listen to Rachel's description of her day. During each pause, write the name of the place she went. The first one has been done for you.

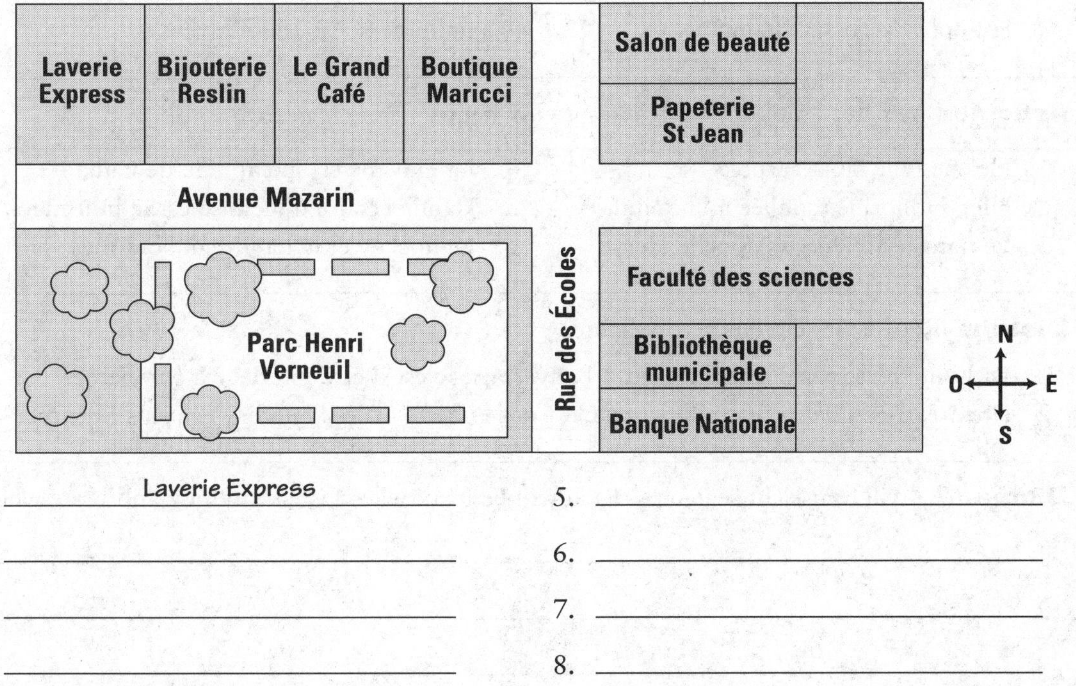

1. Laverie Express
2. ______________________
3. ______________________
4. ______________________
5. ______________________
6. ______________________
7. ______________________
8. ______________________

3 **Questions** Look once again at the drawing in **Activité 2** in your lab manual and answer each question you hear with the correct information. Repeat the correct response after the speaker. (*6 items*)

Modèle

Il y a une laverie rue des Écoles?
Non, *il y a une laverie avenue Mazarin.*

Audio Activities

LES SONS ET LES LETTRES

The letter h

You already know that the letter **h** is silent in French, and you are familiar with many French words that begin with an **h muet**. In such words, the letter **h** is treated as if it were a vowel. For example, the articles **le** and **la** become **l'** and there is a liaison between the final consonant of a preceding word and the vowel following the **h**.

l'heure   l'homme   des hôtels   des hommes

Some words begin with an **h aspiré**. In such words, the **h** is still silent, but it is not treated like a vowel. Words beginning with **h aspiré**, like these you've already learned, are not preceded by **l'** and there is no liaison.

la honte   les haricots verts   le huit mars   les hors-d'œuvre

Words that begin with an **h aspiré** are normally indicated in dictionaries by some kind of symbol, usually an asterisk (*).

1 **Prononcez** Répétez les mots suivants à voix haute.

1. le hall
2. la hi-fi
3. l'humeur
4. la honte
5. le héron
6. l'horloge
7. l'horizon
8. le hippie
9. l'hilarité
10. la Hongrie
11. l'hélicoptère
12. les hamburgers
13. les hiéroglyphes
14. les hors-d'œuvre
15. les hippopotames
16. l'hiver

2 **Articulez** Répétez les phrases suivantes à voix haute.

1. Hélène joue de la harpe.
2. Hier, Honorine est allée à l'hôpital.
3. Le hamster d'Hervé s'appelle Henri.
4. La Havane est la capitale de Cuba.
5. L'anniversaire d'Héloïse est le huit mars.
6. Le hockey et le hand-ball sont mes sports préférés.

3 **Dictons** Répétez les dictons à voix haute.

1. La honte n'est pas d'être inférieur à l'adversaire, c'est d'être inférieur à soi-même.
2. L'heure, c'est l'heure; avant l'heure, c'est pas l'heure; après l'heure, c'est plus l'heure.

4 **Dictée** You will hear eight sentences. Each will be read twice. Listen carefully and write what you hear.

1. ______
2. ______
3. ______
4. ______
5. ______
6. ______
7. ______
8. ______

Audio Activities

Nom ______________________ Date ______________________

STRUCTURES

4A.1 Voir, recevoir, apercevoir, and croire

1 **Choisissez** You will hear some sentences with a beep in place of the verb. Circle the form of **voir**, **recevoir**, **apercevoir**, or **croire** that correctly completes each sentence.

Modèle

You hear: Jeanne *(beep)* Guillaume à la banque.
You see: aperçoit avons aperçu
You circle: **aperçoit**

1. aperçois	avez aperçu	4. apercevons	aperçoit
2. ont reçu	recevons	5. croit	as cru
3. reçoivent	reçoit	6. voient	voit

2 **Conjuguez** Form a new sentence using the cue you hear as the subject. Repeat the correct answer after the speaker.

Modèle

Vous ne recevez pas cette chaîne ici.
(Monsieur David)
Monsieur David ne reçoit pas cette chaîne ici.

1. (nous)
2. (elles)
3. (tu)
4. (je)
5. (il)
6. (vous)

3 **Questions** Answer each question you hear using the cue in your lab manual. Repeat the correct response after the speaker.

Modèle

You hear: Où est-ce qu'il a aperçu la poste?
You see: en face
You say: **Il a aperçu la poste en face.**

1. le 19
2. à la poste
3. le mois de janvier
4. la semaine dernière
5. devant la banque
6. oui

4 **La liste** Look at Hervé's shopping list for Christmas and answer each question you hear. Repeat the correct response after the speaker. (*6 items*)

Aurore	un rendez-vous dans un salon de beauté
grands-parents	un voyage à la Martinique
cousin François	du papier à lettres
parents	un lecteur de DVD et un caméscope
Jean-Michel	une montre

Audio Activities

Nom ______________________ Date ______________________

4A.2 Negative/Affirmative expressions

1 **Identifiez** Listen to each statement and mark an X in the column of the negative expression you hear.

Modèle

You hear: Je ne reçois jamais de lettre.
You mark: an **X** under **ne... jamais**

	ne... rien	ne... que	personne	ne... personne	ne... jamais	ne... plus
Modèle					X	
1.						
2.						
3.						
4.						
5.						
6.						
7.						
8.						

2 **Transformez** Change each sentence you hear to say the opposite is true. Repeat the correct answer after the speaker. (*6 items*)

Modèle

Je vais toujours à cette agence.
Je ne vais jamais à cette agence.

3 **Questions** Answer each question you hear in the negative. Repeat the correct response after the speaker. (*6 items*)

Modèle

Vous avez reçu quelqu'un aujourd'hui?
Non, nous n'avons reçu personne.

4 **Au téléphone** Listen to this phone conversation between Philippe and Sophie. Then decide whether the statements in your lab manual are **vrai** or **faux.**

	Vrai	Faux
1. Philippe ne peut voir personne aujourd'hui.	❍	❍
2. Il n'a jamais organisé de rendez-vous.	❍	❍
3. Le service de Sophie n'a rien reçu.	❍	❍
4. Il n'y a aucun rendez-vous pour le lundi matin.	❍	❍
5. Il ne reste de rendez-vous que pour le lundi matin.	❍	❍

Unité 4

Leçon 4B

CONTEXTES

1 **Orientez-vous** Listen to each pair of places and describe their location in relation to each other using the cue in your lab manual. Repeat the correct answer after the speaker.

Modèle

You hear: Paris, New York
You see: est
You say: Paris est à l'est de New York.

1. nord
2. est
3. près de
4. loin de
5. ouest
6. sud

2 **Décrivez** Look at the drawing and listen to each statement. Indicate whether each statement is vrai or faux.

	Vrai	Faux
1.	❍	❍
2.	❍	❍
3.	❍	❍
4.	❍	❍
5.	❍	❍
6.	❍	❍

3 **Complétez** Listen to Laurent describe where he lives and write the missing words in your lab manual.

Voici les (1) ____________________ pour venir chez moi. À la sortie de l'aéroport, suivez le (2) ____________________ jusqu'au centre-ville. Quand vous arrivez à la fontaine, (3) ____________________ à droite. Prenez le (4) ____________________ pour (5) ____________________ Tournez ensuite dans la première rue à droite et (6) ____________________ (7) ____________________ jusqu'au bout de la rue. J'habite un grand (8) ____________________ à l'angle de cette rue et de l'avenue Saint-Michel.

Audio Activities

Nom ______________________ Date ______________________

LES SONS ET LES LETTRES

Les majuscules et les minuscules

Some of the rules governing capitalization are the same in French as they are in English. However, many words that are capitalized in English are not capitalized in French. For example, the French pronoun **je** is never capitalized except when it is the first word in a sentence.

Aujourd'hui, **je** vais au marché. *Today, I am going to the market.*

Days of the week, months, and geographical terms are not capitalized in French.

Qu'est-ce que tu fais **l**undi après-midi? Mon anniversaire, c'est le 14 **o**ctobre.
Cette ville est au bord de la **m**er Méditerranée.

Languages are not capitalized in French, nor are adjectives of nationality. However, if the word is a noun that refers to a person or people of a particular nationality, it is capitalized.

Tu apprends le français.
You are learning French.

C'est une voiture allemande.
It's a German car.

Elle s'est mariée avec un Italien.
She married an Italian.

Les Français adorent le foot.
The French love soccer.

As a general rule, you should write capital letters with their accents. Diacritical marks can change the meaning of words, so not including them can create ambiguities.

LES AVOCATS SERONT JUG**É**S.
Lawyers will be judged.

LES AVOCATS SERONT JUG**E**S.
Lawyers will be the judges.

1 **Décidez** Listen to these sentences and decide whether the words below should be capitalized.

1. a. canadienne b. Canadienne
2. a. avril b. Avril
3. a. japonais b. Japonais
4. a. québécoises b. Québécoises
5. a. océan b. Océan
6. a. je b. Je
7. a. mercredi b. Mercredi
8. a. marocain b. Marocain

2 **Écoutez** You will hear a paragraph containing the words in the list. Check the appropriate column to indicate whether they should be capitalized.

	Majuscule	Minuscule
1. lundi	_______	_______
2. avenue	_______	_______
3. français	_______	_______
4. suisse	_______	_______
5. quartier	_______	_______

3 **Dictée** You will hear eight sentences. Each will be read twice. Listen carefully and write what you hear.

1. ____
2. ____
3. ____
4. ____
5. ____
6. ____
7. ____
8. ____

Audio Activities

STRUCTURES

4B.1 Le futur simple

1 **Identifiez** Listen to each sentence and write the infinitive of the verb you hear.

Modèle

You hear: Ils se déplaceront pour le 14 juillet.
You write: **se déplacer**

1. ____________
2. ____________
3. ____________
4. ____________
5. ____________
6. ____________
7. ____________
8. ____________

2 **Transformez** Change each sentence from the present to the future. Repeat the correct answer after the speaker.

Modèle

Bertrand travaille près d'ici. (Bertrand)
Bertrand travaillera près d'ici.

1. (je)
2. (vous)
3. (la mairie)
4. (vous)
5. (on)
6. (nous)
7. (Malik)
8. (ils)

3 **Questions** Answer each question you hear using the cue in your lab manual. Repeat the correct response after the speaker.

Modèle

You hear: Quand est-ce que tu retrouveras ta cousine?
You see: jeudi
You say: **Je retrouverai ma cousine jeudi.**

1. 8 heures et demie
2. nous
3. sur la droite
4. Jean-Pierre et son équipe
5. en train
6. au carrefour

4 **Le futur** Look at the timeline, which shows future events in Christian's life, and answer each question you hear. Then repeat the correct response after the speaker. (*6 items*)

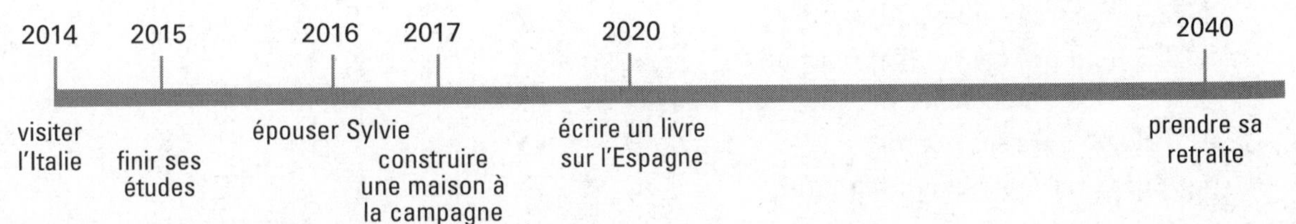

Nom ______________________ Date ______________________

4B.2 Irregular future forms

1 **Identifiez** Listen to each statement and mark an X in the column of the verb you hear.

Modèle

You hear: Nous ne serons pas au parc cet après-midi.
You mark: an **X** under **être**

	aller	avoir	être	faire	savoir
Modèle	____	____	X	____	____
1.	____	____	____	____	____
2.	____	____	____	____	____
3.	____	____	____	____	____
4.	____	____	____	____	____
5.	____	____	____	____	____
6.	____	____	____	____	____
7.	____	____	____	____	____
8.	____	____	____	____	____

2 **Choisissez** Listen to each question and choose the most logical response.

1. a. Non, nous ne viendrons pas. b. Non, nous irons samedi.
2. a. Oui, ils l'apercevront de la fenêtre. b. Oui, ils viendront au parc.
3. a. Non, elle tournera. b. Oui, vous continuerez vers la droite.
4. a. Oui, je te montrerai. b. Non, tu ne voudras pas.
5. a. Non, il les enverra à temps. b. Oui, il les aura à temps.
6. a. Oui, elle ira en mars. b. Non, ses cousins seront là pour l'aider.
7. a. Oui, il pourra la poster au bout de la rue. b. Oui, il l'écrira.
8. a. Tu ne le feras jamais. b. Tu pourras visiter le musée.

3 **Décrivez** For each drawing, you will hear two statements. Choose the one that corresponds to the drawing.

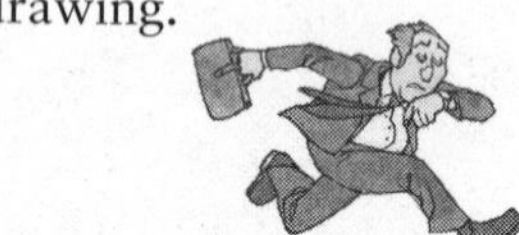

1. a. b.

2. a. b.

3. a. b.

4. a. b.

5. a. b.

6. a. b.

4 **En ville** Listen to Brigitte and Zoé talk about their plans for tomorrow. Then read the statements in your lab manual and decide whether they are **vrai** or **faux**.

	Vrai	Faux
1. Zoé n'ira pas en ville demain.	❍	❍
2. Elle fera des courses l'après-midi.	❍	❍
3. Elle viendra chercher Brigitte à son travail.	❍	❍
4. Brigitte aura ses photos.	❍	❍
5. Zoé verra le bureau de Brigitte.	❍	❍
6. Ça sera sympa.	❍	❍

Nom ______________________ Date ______________________

Unité 5

Leçon 5A

CONTEXTES

1 **Identifiez** You will hear a series of words. Write the word that does not belong in each series.

1. ______________ 5. ______________
2. ______________ 6. ______________
3. ______________ 7. ______________
4. ______________ 8. ______________

2 **Logique ou illogique?** Listen to these statements and indicate whether they are **logique** or **illogique**.

	Logique	Illogique		Logique	Illogique
1.	❍	❍	5.	❍	❍
2.	❍	❍	6.	❍	❍
3.	❍	❍	7.	❍	❍
4.	❍	❍	8.	❍	❍

3 **Les annonces** Look at the ads and listen to each statement. Then decide if the statement is **vrai** or **faux**.

SPÉCIALISTES BEAUTÉ

Recherchons 5 spécialistes "beauté-forme" sur Paris.

- 3 ans d'expérience minimum
- excellente présentation
- bon contact avec les client(e)s
- sérieux et professionnalisme

Envoyez lettre de motivation et C.V à Mme Fréchine, Salon de beauté Sublime, 58 avenue de Constantinople, 75008 Paris.

VENDEURS/VENDEUSES

- Compagnie de production d'une boisson aux fruits célèbre recherche des vendeurs/vendeuses dans toute la France.
- De formation commerciale supérieure (Bac + 2 minimum), vous avez déjà une solide expérience. (5 ans minimum)
- Salaire: 3800 euros par mois.

Pour plus d'information, rendez-vous sur le site http://www.boissonauxfruitssympa.com

	Vrai	Faux
1.	❍	❍
2.	❍	❍
3.	❍	❍
4.	❍	❍
5.	❍	❍
6.	❍	❍

Audio Activities

Nom ______________________ Date ______________________

LES SONS ET LES LETTRES

La ponctuation française

Although French uses most of the same punctuation marks as English, their usage often varies. Unlike English, no period (**point**) is used in abbreviations of measurements in French.

200 **m** *(meters)* 30 **min** *(minutes)* 25 **cl** *(centiliters)* 500 **g** *(grams)*

In other abbreviations, a period is used only if the last letter of the abbreviation is different from the last letter of the word they represent.

Mme Bonaire = Mada**me** Bonaire **M.** Bonaire = Monsieur Bonaire

French dates are written with the day before the month, so if the month is spelled out, no punctuation is needed. When using digits only, use slashes to separate them.

le 25 février 1954 25/2/1954 le 15 août 2006 15/8/2006

Notice that a comma (**une virgule**) is not used before the last item in a series or list.

Lucie parle français, anglais et allemand. *Lucie speaks French, English, and German.*

Generally, in French, a direct quotation is enclosed in **guillemets**. Notice that a colon (**deux points**), not a comma, is used before the quotation.

Charlotte a dit: «Appelle-moi!» Marc a demandé: «Qui est à l'appareil?»

1 La ponctuation Repeat the names of these punctuation marks in French.

1. un point (.)
2. une virgule (,)
3. un trait d'union (-)
4. un point d'interrogation (?)
5. un point d'exclamation (!)
6. deux points (:)
7. un point-virgule (;)
8. des points de suspension (…)
9. des guillemets (« »)
10. une apostrophe (')

2 À vous de ponctuer! Listen to the following sentences and insert the punctuation marks you hear.

1. Voici ce que je dois acheter au marché des carottes des tomates et du fromage
2. Tu n'as pas encore commencé tes devoirs Tu vas peut-être les faire cette nuit
3. Monsieur Grosjean euh m'avez vous téléphoné
4. Ma sœur a répondu Je t'attends depuis deux heures et quart
5. Vous pouvez entrer Madame
6. Nous n'avons pas pu sortir hier soir il pleuvait trop fort

3 Dictée You will hear eight sentences. Each will be said twice. Listen carefully and write what you hear. Use abbreviations when you can.

1. ______________________
2. ______________________
3. ______________________
4. ______________________
5. ______________________
6. ______________________
7. ______________________
8. ______________________

STRUCTURES

5A.1 Le futur simple with quand and dès que

1 **Conjuguez** Change each sentence from the present to the future. Repeat the correct response after the speaker. (*6 items*)

Modèle

Nous travaillons quand nous sommes prêts.
Nous travaillerons quand nous serons prêts.

2 **Transformez** You will hear two sentences. Form a new sentence using **quand**. Repeat the correct response after the speaker. (*6 items*)

Modèle

Notre assistante vous dira. La réunion peut avoir lieu.
Notre assistante vous dira quand la réunion pourra avoir lieu.

3 **Finissez** You will hear incomplete statements. Choose the correct ending for each statement.

1. a. quand il voit l'annonce. b. quand il cherchera du travail.
2. a. quand elle aura plus d'expérience. b. quand elle a un vrai métier.
3. a. nous appelons les candidats. b. nous vous appellerons.
4. a. dès que ce stage a commencé. b. quand je ferai ce stage.
5. a. dès qu'il le faudra. b. dès qu'on nous le demande.
6. a. dès que le téléphone a sonné. b. quand Mademoiselle Lefèvre ne sera pas là.

4 **Questions** Answer each question you hear using **dès que** and the cue in your lab manual. Repeat the correct response after the speaker.

Modèle

You hear: Quand est-ce que tu commenceras?
You see: l'entreprise m'appelle
You say: *Je commencerai dès que l'entreprise m'appellera.*

1. le stage commence
2. il est libre
3. quelqu'un décroche
4. l'annonce est dans le journal
5. cette compagnie le peut
6. il sort de son rendez-vous

Audio Activities

5A.2 The interrogative pronoun lequel

1 **Identifiez** Listen to each statement and mark an X in the column of the form of **lequel** you hear.

Modèle

You hear: Desquels parlez-vous?
You mark: an **X** under **desquels**

	lequel	laquelle	lesquels	duquel	desquels	auquel
Modèle	______	______	______	______	X	______
1.	______	______	______	______	______	______
2.	______	______	______	______	______	______
3.	______	______	______	______	______	______
4.	______	______	______	______	______	______
5.	______	______	______	______	______	______
6.	______	______	______	______	______	______
7.	______	______	______	______	______	______
8.	______	______	______	______	______	______

2 **Transformez** Change each question to use a form of **lequel**. Repeat the correct question after the speaker. (*6 items*)

Modèle

Quel est ton candidat préféré? (candidat)
Lequel est ton préféré?

1. (patron)
2. (entreprise)
3. (postes)
4. (candidate)
5. (expérience)
6. (numéro)

3 **Choisissez** Listen to each question and choose the most logical response.

1. a. Il a envoyé les lettres de motivation.
   b. Il les a envoyées.
2. a. J'y suis allé hier.
   b. Je suis allé au stage d'informatique.
3. a. Elle parle des deux derniers candidats.
   b. Elle parle des deux dernières candidates.
4. a. Je pense à leur projet d'été.
   b. Je pense partir.
5. a. Je veux appeler Carine.
   b. Je vais appeler avec son portable.
6. a. L'entreprise locale.
   b. Mon patron.
7. a. On peut assister à la formation de juin.
   b. On peut assister au stage de vente.
8. a. Nous allons répondre très vite.
   b. Nous allons répondre à l'annonce de Charles et Fils.

4 **Complétez** You will hear questions with a beep in place of the interrogative pronoun. Decide which form of **lequel** should complete each sentence. Repeat the correct question after the speaker. (*6 items*)

Modèle

Mon employé? *(beep)* penses-tu?
Mon employé? Auquel penses-tu?

Nom ______________________ Date ______________________

Unité 5

Leçon 5B

CONTEXTES

1 **Identifiez** Listen to each description and then complete the sentence by identifying the person's occupation.

Modèle

You hear: Madame Cance travaille à la banque.
You write: banquière

1. ______________
2. ______________
3. ______________
4. ______________
5. ______________
6. ______________
7. ______________
8. ______________

2 **Choisissez** Listen to each question and choose the most logical answer.

1. a. Non, il est client de notre banque.
   b. Non, il est agriculteur.
2. a. le mois prochain
   b. La réunion finira tard.
3. a. Oui, j'ai eu une augmentation.
   b. Oui, j'ai un emploi à mi-temps.
4. a. Non, ils sont au chômage.
   b. Oui, ils ont un bon salaire.
5. a. Non, elle va prendre un long congé.
   b. Non, elle est mal payée.
6. a. L'entreprise avait besoin d'ouvrières avec dix ans d'expérience.
   b. C'est une profession exigeante.

3 **Les professions** Listen to each statement and write the number of the statement below the photo it describes. There are more statements than there are photos.

a. ______________

b. ______________

c. ______________

d. ______________

Audio Activities

Nom ______________________ Date ______________________

LES SONS ET LES LETTRES

Les néologismes et le franglais

The use of words or neologisms of English origin in the French language is called **franglais**. These words often look identical to the English words, but they are pronounced like French words. Most of these words are masculine, and many end in **-ing**. Some of these words have long been accepted and used in French.

le sweat-shirt   le week-end   le shopping   le parking

Some words for foods and sports are very common, as are expressions in popular culture, business, and advertising.

un milk-shake   le base-ball   le top-modèle   le marketing

Many **franglais** words are recently coined terms (**néologismes**). These are common in contemporary fields, such as entertainment and technology. Some of these words do have French equivalents, but the **franglais** terms are used more often.

un e-mail = un courriel   le chat = la causette   une star = une vedette

Some **franglais** words do not exist in English at all, or they are used differently.

un brushing = *a blow-dry*   un relooking = *a makeover*   le zapping = *channel surfing*

1 **Prononcez** Répétez les mots suivants à voix haute.

1. flirter
2. un fax
3. cliquer
4. le look
5. un clown
6. le planning
7. un scanneur
8. un CD-ROM
9. le volley-ball
10. le shampooing
11. une speakerine
12. le chewing-gum

2 **Articulez** Répétez les phrases suivantes à voix haute.

1. Le cowboy porte un jean et un tee-shirt.
2. Julien joue au base-ball et il fait du footing.
3. J'ai envie d'un nouveau look, je vais faire du shopping.
4. Au snack-bar, je commande un hamburger, des chips et un milk-shake.
5. Tout ce qu'il veut faire, c'est rester devant la télé dans le living et zapper!

3 **Dictons** Répétez les dictons à voix haute.

1. Ce n'est pas la star qui fait l'audience, mais l'audience qui fait la star.
2. Un gentleman est un monsieur qui se sert d'une pince à sucre, même lorsqu'il est seul.

4 **Dictée** You will hear eight sentences. Each will be said twice. Listen carefully and write what you hear.

1. ______________________
2. ______________________
3. ______________________
4. ______________________
5. ______________________
6. ______________________
7. ______________________
8. ______________________

Audio Activities

STRUCTURES

5B.1 Si clauses

1 **Finissez** You will hear incomplete statements. Choose the correct ending for each statement.

1. a. si on le lui demandait.
   b. si c'est possible.
2. a. si elle demandait une augmentation.
   b. si nous faisons une réunion.
3. a. ils vont en Italie.
   b. ils auraient le temps de voyager.
4. a. je te le dirais tout de suite.
   b. tu pouvais essayer de postuler.
5. a. si le salaire reste élevé.
   b. si son mari n'était pas au chômage.
6. a. nous n'avons pas de syndicat.
   b. il y aurait moins de problèmes.

2 **Modifiez** Change each sentence you hear to form a **si** clause with the **imparfait**. Repeat the correct response after the speaker. (*6 items*)

Modèle

On va au bureau ensemble?
Si on allait au bureau ensemble?

3 **Questions** Answer each question you hear using the cue in your lab manual. Repeat the correct response after the speaker. (*6 items*)

Modèle

You hear: Qu'est-ce que tu feras s'il fait beau demain?
You see: marcher jusqu'au bureau
You say: *S'il fait beau demain, je marcherai jusqu'au bureau.*

1. aller au cinéma
2. nous donner une augmentation
3. organiser une réunion
4. faire la fête
5. partir en vacances
6. continuer à travailler pour leur entreprise

4 **Transformez** Change each sentence to a speculation or hypothesis. Repeat the correct response after the speaker. (*6 items*)

Modèle

Si nous embauchons quelqu'un, nous devrons en parler au chef du personnel.
Si nous embauchions quelqu'un, nous devrions en parler au chef du personnel.

Audio Activities

Nom ______________________ Date ______________________

5B.2 Relative pronouns **qui, que, dont, où**

1 **Identifiez** Listen to each statement and mark an X in the column of the relative pronoun you hear.

Modèle

You hear: Vous n'aurez pas l'augmentation dont vous rêvez.
You mark: an **X** under **dont**

	qui	que	dont	où
Modèle			X	
1.				
2.				
3.				
4.				
5.				
6.				
7.				
8.				

2 **Finissez** You will hear incomplete sentences. Choose the correct ending for each one.

1. a. admire beaucoup les autres. b. j'admire beaucoup.
2. a. le prof nous a parlé? b. a parlé du prof?
3. a. me permet de travailler à la maison. b. j'aime beaucoup.
4. a. est la salle de réunion? b. je travaille, je prends ma voiture.
5. a. on rêve est celle d'artiste. b. je laisse un message.
6. a. aide les humains aussi. b. on aime beaucoup.

3 **Complétez** Listen to Annette talk about her job search and write the missing relative pronouns in your lab manual.

Le métier (1) ____________ j'ai choisi, c'est celui de psychologue pour animaux. Eh bien, je ne trouvais pas de patients (2) ____________ pouvaient être réguliers. Alors, j'ai décidé de chercher du travail temporaire. L'endroit (3) ____________ je voulais travailler était une clinique vétérinaire. La formation (4) ____________ j'ai faite à l'université peut me servir dans une clinique. J'ai donc téléphoné à une clinique (5) ____________ j'emmène d'habitude mon chat pour des visites vétérinaires. J'ai parlé avec le docteur (6) ____________ était très gentil et on a pris rendez-vous pour un entretien. On y a parlé de ma formation et de mes expériences professionnelles. Ce (7) ____________ on a parlé lui a beaucoup plu (*made him happy*) et il m'a embauchée sur place, comme assistante. Maintenant, je peux exercer ma profession de temps en temps quand il y a un animal (8) ____________ est stressé.

4 **Transformez** You will hear two sentences. Form a new sentence using a relative pronoun. Repeat the correct answer after the speaker. (*6 items*)

Modèle

Je cherche un travail. Ce travail offre une assurance-maladie.
Je cherche un travail qui offre une assurance-maladie.

Nom ____________________ Date ____________________

Unité 6

Leçon 6A

CONTEXTES

1 Identifiez You will hear a series of words. Write the word that does not belong in each series.

1. ____________ 5. ____________
2. ____________ 6. ____________
3. ____________ 7. ____________
4. ____________ 8. ____________

2 Choisissez Listen to each question and choose the most logical response.

1. a. Oui, les usines polluent. b. Oui, les voitures sont un danger pour l'environnement.
2. a. C'est pour éviter le gaspillage. b. Oui, il est utile.
3. a. Parce que l'eau, c'est la vie. b. Parce qu'il faut proposer des solutions.
4. a. La pluie acide. b. L'accident à la centrale.
5. a. Deux fois par semaine. b. À cause de la surpopulation.
6. a. Non, nous n'avons pas d'espace. b. Oui, il y en a souvent ici.

3 Décrivez Look at the picture in your lab manual. Listen to these statements and decide whether each statement is **vrai** or **faux**.

	Vrai	Faux		Vrai	Faux
1.	❍	❍	4.	❍	❍
2.	❍	❍	5.	❍	❍
3.	❍	❍	6.	❍	❍

Audio Activities

Nom ____________________ Date ____________________

LES SONS ET LES LETTRES

French and English spelling

You have seen that many French words only differ slightly from their English counterparts. Many differ in predictable ways. English words that end in *-y* often end in **-ie** in French.

biolog**ie** psycholog**ie** énerg**ie** écolog**ie**

English words that end in *-ity* often end in **-ité** in French.

qualit**é** universit**é** cit**é** nationalit**é**

French equivalents of English words that end in *-ist* often end in **-iste**.

art**iste** optim**iste** pessim**iste** dent**iste**

French equivalents of English words that end in *-or* and *-er* often end in **-eur**. This tendency is especially common for words that refer to people.

doct**eur** act**eur** employ**eur** agricult**eur**

Other English words that end in *-er* end in **-re** in French.

cent**re** memb**re** lit**re** théât**re**

Other French words vary in ways that are less predictable, but they are still easy to recognize.

problème orchestre carotte calculatrice

1 **Prononcez** Répétez les mots suivants à voix haute.

1. tigre
2. bleu
3. lettre
4. salade
5. poème
6. banane
7. tourisme
8. moniteur
9. pharmacie
10. écologiste
11. conducteur
12. anthropologie

2 **Articulez** Répétez les phrases suivantes à voix haute.

1. Ma cousine est vétérinaire.
2. Le moteur ne fonctionne pas.
3. À la banque, Carole paie par chèque.
4. Mon oncle écrit l'adresse sur l'enveloppe.
5. À la station-service, le mécanicien a réparé le moteur.

3 **Dictons** Répétez les dictons à voix haute.

1. On reconnaît l'arbre à son fruit.
2. On ne fait pas d'omelette sans casser des œufs.

4 **Dictée** You will hear eight sentences. Each will be said twice. Listen carefully and write what you hear.

1. ____________________
2. ____________________
3. ____________________
4. ____________________
5. ____________________
6. ____________________
7. ____________________
8. ____________________

Audio Activities

Nom ______________________ Date ______________________

STRUCTURES

6A.1 Demonstrative pronouns

1 **En vacances** Listen to each statement and write its number below the drawing it describes. There are more statements than there are drawings.

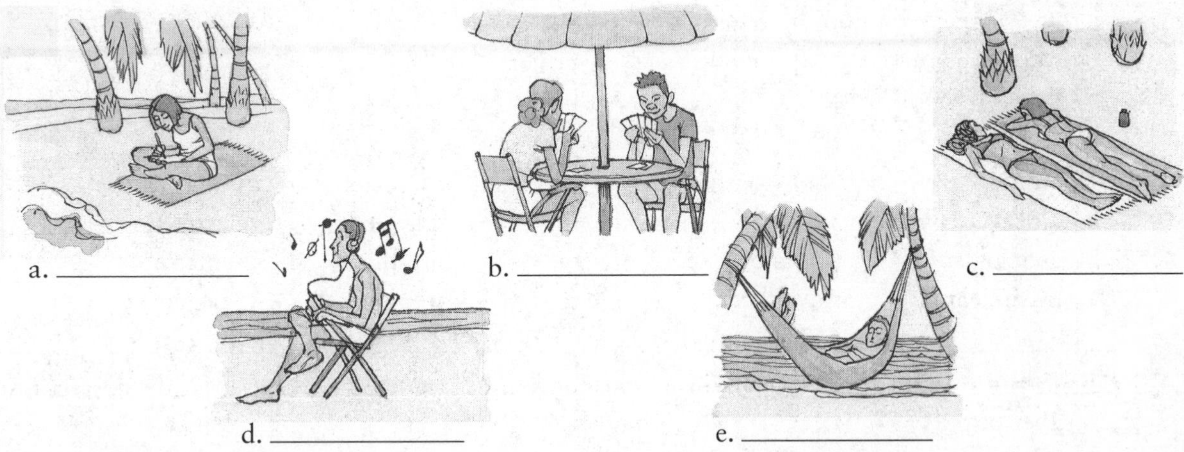

a. ____________ b. ____________ c. ____________

d. ____________ e. ____________

2 **Transformez** Change each statement to use a demonstrative pronoun. Repeat the correct response after the speaker. (*6 items*)

Modèle

La pollution de l'eau est aussi grave que la pollution des villes.
La pollution de l'eau est aussi grave que celle des villes.

3 **Logique ou illogique?** Listen to these statements and indicate whether they are **logique** or **illogique**.

	Logique	Illogique		Logique	Illogique
1.	❍	❍	5.	❍	❍
2.	❍	❍	6.	❍	❍
3.	❍	❍	7.	❍	❍
4.	❍	❍	8.	❍	❍

4 **Questions** Answer each question you hear using the cue in your lab manual and the appropriate demonstrative pronoun. Repeat the correct response after the speaker.

Modèle

You hear: Quel emballage est-ce que nous devons utiliser?
You see: l'emballage qui ferme le mieux
You say: Celui qui ferme le mieux.

1. les sacs qui se recyclent
2. le problème du réchauffement de la planète
3. mes amis qui sont les plus optimistes
4. les solutions qui ont l'air trop compliquées et les solutions qui coûtent cher
5. l'avenir qu'on prépare aujourd'hui
6. les questions qui sont simples

Nom ______________________ Date ______________________

6A.2 The subjunctive (Part 1): introduction, regular verbs, and impersonal expressions

1 **Choisissez** You will hear some sentences with a beep in place of a verb. Decide which verb should complete each sentence and circle it.

Modèle

You hear: Il est impossible que ce gaspillage *(beep)*
You see: continue   continuait
You circle: **continue**

1. abolissions	abolissons	5. intéressons	intéressions
2. aidez	aidiez	6. arrêtaient	arrêtent
3. connaissent	connaîtraient	7. interdise	interdit
4. travaillent	travaillaient	8. proposiez	proposez

2 **Conjuguez** Form a new sentence using the cue you hear as the subject. Repeat the correct response after the speaker. (*6 items*)

Modèle

Est-ce qu'il faut que je recycle ces emballages? (nous)
Est-ce qu'il faut que nous recyclions ces emballages?

3 **Transformez** Change each sentence you hear to the present subjunctive using the expressions you see in your lab manual. Repeat the correct response after the speaker.

Modèle

You hear: Tu recycleras ces bouteilles.
You see: Il est important...
You say: **Il est important que tu recycles ces bouteilles.**

1. Il n'est pas essentiel...
2. Il est bon...
3. Il est important...
4. Il est dommage...
5. Il ne faut pas...
6. Il vaut mieux...

4 **Complétez** Listen to what Manu wants to do to save the environment and write the missing words in your lab manual.

Il faut que nous (1) ______________ notre quotidien. Il vaut mieux que nous (2) ______________ d'utiliser des sacs en plastique et il est important que les gens (3) ______________ à recycler chez eux! Il est essentiel aussi que nous n' (4) ______________ plus de produits ménagers dangereux; il est bon qu'on (5) ______________ des produits plus naturels. Enfin, il est nécessaire que nous (6) ______________ tous de ne pas gaspiller l'électricité, car il est impossible que les pays (7) ______________ à développer l'énergie nucléaire. Avec ces simples idées, il est très possible que nous (8) ______________ à sauver la planète!

Audio Activities

Unité 6

Leçon 6B

CONTEXTES

1 Associez Circle the words that are logically associated with each word you hear.

1. chasser détruire préserver
2. désert rivière lac
3. promenade marche autoroute
4. champ bois forêt
5. étoile champ falaise
6. montagne chasse extinction

2 Logique ou illogique? Listen to these statements and indicate whether they are **logique** or **illogique**.

	Logique	Illogique		Logique	Illogique
1.	❍	❍	5.	❍	❍
2.	❍	❍	6.	❍	❍
3.	❍	❍	7.	❍	❍
4.	❍	❍	8.	❍	❍

3 Décrivez Look at the picture in your lab manual. Listen to these statements and decide whether each statement is **vrai** or **faux**.

	Vrai	Faux		Vrai	Faux
1.	❍	❍	4.	❍	❍
2.	❍	❍	5.	❍	❍
3.	❍	❍	6.	❍	❍

Audio Activities

Nom ______________________ Date ______________________

LES SONS ET LES LETTRES

Homophones

Many French words sound alike, but are spelled differently. As you have already learned, sometimes the only difference between two words is a diacritical mark. Other words that sound alike have more obvious differences in spelling.

a / **à**	ou / **où**	**sont** / **son**	**en** / **an**

Several forms of a single verb may sound alike. To tell which form is being used, listen for the subject or words that indicate tense.

je **parle**	tu **parles**	ils **parlent**
vous **parlez**	j'ai **parlé**	je vais **parler**

Many words that sound alike are different parts of speech. Use context to tell them apart.

VERB	POSSESSIVE ADJECTIVE	PREPOSITION	NOUN
Ils **sont** belges.	C'est **son** mari.	Tu vas **en** France?	Il a un **an**.

You may encounter multiple spellings of words that sound alike. Again, context is the key to understanding which word is being used.

je **peux** *I can*	elle **peut** *she can*	**peu** *a little, few*
le **foie** *the liver*	la **foi** *faith*	une **fois** *one time*
haut *high*	l'**eau** *water*	**au** *at, to, in the*

1 **Prononcez** Répétez les paires de mots suivantes à voix haute.

1.	ce	se	4.	foi	fois	7.	au	eau	10.	lis	lit
2.	leur	leurs	5.	ces	ses	8.	peut	peu	11.	quelle	qu'elle
3.	né	nez	6.	vert	verre	9.	où	ou	12.	c'est	s'est

2 **Choisissez** Choisissez le mot qui convient à chaque phrase.

1. Je (lis / lit) le journal tous les jours.
2. Son chien est sous le (lis / lit).
3. Corinne est (née / nez) à Paris.
4. Elle a mal au (née / nez).

3 **Jeux de mots** Répétez les jeux de mots à voix haute.

1. Le ver vert va vers le verre.
2. Mon père est maire, mon frère est masseur.

4 **Dictée** You will hear eight sentences. Each will be said twice. Listen carefully and write what you hear.

1. ______________________
2. ______________________
3. ______________________
4. ______________________
5. ______________________
6. ______________________
7. ______________________
8. ______________________

Audio Activities

STRUCTURES

6B.1 The subjunctive (Part 2): will and emotion, irregular subjunctive forms

1 **Identifiez** Listen to each sentence and write the infinitive of the subjunctive verb you hear.

Modèle

You hear: Je veux que tu regardes la Lune ce soir.
You write: regarder

1. ______________ 4. ______________
2. ______________ 5. ______________
3. ______________ 6. ______________

2 **Conjuguez** Form a new sentence using the cue you hear as the subject of the verb in the subjunctive. Repeat the correct response after the speaker. (*6 items*)

Modèle

J'aimerais que tu fasses attention. (vous)
J'aimerais que vous fassiez attention.

3 **Associez** Listen to each statement and write its number below the drawing it describes. There are more statements than there are drawings.

a. ______________

b. ______________

c. ______________

d. ______________

e. ______________

f. ______________

4 **Les conseils** Listen to Julien give advice to his sons. Then read the statements in your lab manual and decide whether they are **vrai** or **faux**.

	Vrai	Faux
1. Julien exige que ses fils soient prudents.	❍	❍
2. Il veut qu'ils aient froid.	❍	❍
3. Il ne recommande pas qu'ils utilisent des cartes.	❍	❍
4. Il préférerait qu'ils aient un téléphone.	❍	❍
5. Il aimerait qu'ils prennent des photos.	❍	❍

Audio Activities

6B.2 Comparatives and superlatives of nouns

1 **Identifiez** Listen to each statement and mark an X in the column of the comparative or superlative you hear.

Modèle

You hear: La France a beaucoup plus de rivières que de fleuves.
You mark: an **X** under **plus de**

	moins de	plus de	autant de	le plus de	le moins de
Modèle	______	X	______	______	______
1.	______	______	______	______	______
2.	______	______	______	______	______
3.	______	______	______	______	______
4.	______	______	______	______	______
5.	______	______	______	______	______
6.	______	______	______	______	______
7.	______	______	______	______	______
8.	______	______	______	______	______

2 **Changez** Change each sentence you hear to say that the opposite is true. Repeat the correct response after the speaker. (*6 items*)

Modèle

Il y a plus d'écureuils en France qu'en Amérique du Nord.
Il y a moins d'écureuils en France qu'en Amérique du Nord.

3 **Choisissez** Listen to each question and choose the most logical response.

1. a. Elles ont plus d'étoiles. b. Il y a moins d'arbres.
2. a. J'ai moins mal et j'ai plus d'énergie. b. Cette ville a plus de pharmacies que de cafés.
3. a. Il n'y a pas autant de circulation en ville. b. Elle a autant de plages que de montagnes.
4. a. Il n'a pas autant d'herbe. b. Nous avons aperçu plus d'arbres que de lapins.
5. a. Ils ont plus de problèmes que nous. b. Ils ont moins de lois contre la pollution.
6. a. Le parc a autant de serpents que de vaches. b. Encore plus d'espèces sont menacées.

4 **Écoutez** Listen to the conversation and correct these statements.

1. Il y a moins d'animaux dans le parc.
   ____
2. Il y a autant d'endroits à explorer dans le parc.
   ____
3. Le parc a moins de touristes en cette saison.
   ____
4. Les volcans ont autant de charme.
   ____
5. Il y a plus de pierres pour sa collection dans le parc.
   ____
6. Il y a plus d'herbe dans le parc.
   ____

Nom ______________________ Date ______________________

Unité 7

Leçon 7A

CONTEXTES

1 **Les définitions** You will hear some definitions. Write the letter of the word being defined.

_____ 1. a. un réalisateur

_____ 2. b. une troupe

_____ 3. c. des applaudissements

_____ 4. d. un musicien

_____ 5. e. un spectateur

_____ 6. f. un orchestre

_____ 7. g. une comédie

_____ 8. h. une chanteuse

2 **Associez** Circle the words that are not logically associated with each word you hear.

1. séance	chœur	opéra
2. genre	pièce de théâtre	gratuit
3. pièce de théâtre	réalisatrice	joueur de batterie
4. début	fin	place
5. dramaturge	chansons	comédie musicale
6. danseurs	compositeur	acteurs

3 **Les artistes** Listen to each statement and write its number below the illustration it describes. There are more statements than there are illustrations.

a. __________ b. __________ c. __________

Audio Activities

LES SONS ET LES LETTRES

Les liaisons obligatoires et les liaisons interdites

Rules for making liaisons are complex, and have many exceptions. Generally, a liaison is made between pronouns, and between a pronoun and a verb that begins with a vowel or vowel sound.

vous en avez | nous habitons | ils aiment | elles arrivent

Make liaisons between articles, numbers, or the verb **est** and a noun or adjective that begins with a vowel or a vowel sound.

un éléphant | les amis | dix hommes (z) | Roger est enchanté.

There is a liaison after many single-syllable adverbs, conjunctions, and prepositions.

très intéressant | chez eux | quand elle (t) | quand on décidera (t)

Many expressions have obligatory liaisons that may or may not follow these rules.

C'est-à-dire... | Comment allez-vous? | plus ou moins | avant-hier

Never make a liaison before or after the conjunction **et** or between a noun and a verb that follows it. Likewise, do not make a liaison between a singular noun and an adjective that follows it.

un garçon et une fille | Gilbert adore le football. | un cours intéressant

There is no liaison before **h aspiré** or before the word **oui** and before numbers.

un hamburger | les héros | un oui et un non | mes onze animaux

1 Prononcez Répétez les mots suivants à voix haute.

1. les héros
2. mon petit ami
3. un pays africain
4. les onze étages

2 Articulez Répétez les phrases suivantes à voix haute.

1. Ils en veulent onze.
2. Vous vous êtes bien amusés hier soir?
3. Christelle et Albert habitent en Angleterre.
4. Quand est-ce que Charles a acheté ces objets?

3 Dictons Répétez les dictons à voix haute.

1. Deux avis valent mieux qu'un.
2. Les murs ont des oreilles.

4 Dictée You will hear eight sentences. Each will be said twice. Listen carefully and write what you hear.

1. ______________________
2. ______________________
3. ______________________
4. ______________________
5. ______________________
6. ______________________
7. ______________________
8. ______________________

Audio Activities

Nom ______________________ Date ______________________

STRUCTURES

7A.1 The subjunctive (Part 3): verbs of doubt, disbelief, and uncertainty

1 **Identifiez** Listen to each statement in the subjunctive and mark an X in the column of the verb you hear.

Modèle

You hear: Il est impossible qu'ils aillent au théâtre ce soir.
You mark: an **X** under **aller**

	aller	pouvoir	savoir	vouloir
Modèle	X			
1.				
2.				
3.				
4.				
5.				
6.				
7.				
8.				

2 **Transformez** Change each sentence you hear to the subjunctive using the expressions you see in your lab manual. Repeat the correct response after the speaker.

Modèle

You hear: Il peut présenter le metteur en scène ce soir.
You see: Il n'est pas certain que...
You say: **Il n'est pas certain qu'il puisse présenter le metteur en scène ce soir.**

1. Il est impossible que...
2. Mes amis ne pensent pas que...
3. Il n'est pas vrai que...
4. Je ne suis pas sûr que...
5. Le metteur en scène doute que...
6. Il n'est pas certain que...

3 **Choisissez** Listen to each sentence and decide whether the second verb is in the indicative or in the subjunctive.

1. a. indicatif b. subjonctif
2. a. indicatif b. subjonctif
3. a. indicatif b. subjonctif
4. a. indicatif b. subjonctif
5. a. indicatif b. subjonctif
6. a. indicatif b. subjonctif
7. a. indicatif b. subjonctif
8. a. indicatif b. subjonctif

4 **Le critique de film** Listen to this movie critic. Then, answer the questions in your lab manual.

1. De quoi le critique doute-t-il? ______________________
2. Que pense-t-il du réalisateur? ______________________
3. Qu'est-ce qui est impossible à son avis? ______________________
4. Que dit-il de l'acteur principal? ______________________
5. Comment trouve-t-il le film? ______________________

Audio Activities

Nom ______________________ Date ______________________

7A.2 Possessive pronouns

1 **Identifiez** You will hear sentences with possessive pronouns. Decide which thing the possessive pronoun in each sentence is referring to.

1. a. mon portable — b. ma calculatrice
2. a. notre maison — b. nos voitures
3. a. ton sac à dos — b. tes lunettes de soleil
4. a. leur fils — b. leur fille
5. a. vos parents — b. votre mère
6. a. leur ordinateur — b. leur télévision

2 **Transformez** You will hear sentences that sound a little repetitive. Improve each sentence by changing the second possessive adjective and noun into a possessive pronoun. Repeat the correct answer after the speaker. (*6 items*)

Modèle

Tu as ton appareil photo et j'ai mon appareil photo aussi.
Tu as ton appareil photo et j'ai le mien aussi.

3 **Complétez** Listen to Faïza talk about her social life. You will hear beeps where the possessive pronouns should be. Write the missing possessive pronouns in your lab manual.

Vous avez un cercle d'amis? Eh bien, j'ai beaucoup d'amis. (1) ______________ est très grand! Qu'est-ce que vos amis et vous aimez faire pour vous amuser? (2) ______________ vont souvent en ville. On se promène, on prend des repas pas trop chers au petit bistro du coin, on regarde un film ou un spectacle si on a un peu d'argent... La mère de Juliette n'aime pas qu'on rentre après 23h00, mais (3) ______________ me permet de rentrer assez tard si je suis avec des amis qu'elle connaît. Le père de Slimane est très stricte et il ne sort pas souvent avec nous parce qu'il doit souvent travailler à la maison. Mais Stéphane sort tous les soirs parce que (4) ______________ n'est pas stricte du tout! Vos amies, quand elles sortent entre elles le soir sans les garçons, est-ce qu'elles font un peu attention pour ne pas avoir de problèmes? C'est le cas pour (5) ______________. Elles sont intelligentes. Maintenant que vous connaissez un peu plus mon cercle d'amis, j'aimerais bien connaître (6) ______________.

4 **Modifiez** You will hear a series of sentences. Rewrite them, replacing the possessive adjective and noun with a possessive pronoun.

Modèle

You hear: C'est ma guitare.
You write: **C'est la mienne.**

1. ______________________
2. ______________________
3. ______________________
4. ______________________
5. ______________________
6. ______________________

Audio Activities

Nom ____________________ Date ____________________

Unité 7

Leçon 7B

CONTEXTES

1 **Logique ou illogique?** Listen to these statements and indicate whether they are **logique** or **illogique**.

	Logique	Illogique		Logique	Illogique
1.	❍	❍	5.	❍	❍
2.	❍	❍	6.	❍	❍
3.	❍	❍	7.	❍	❍
4.	❍	❍	8.	❍	❍

2 **Décrivez** For each drawing, you will hear two statements. Choose the one that corresponds to the drawing.

1. a. b. 2. a. b. 3. a. b.

3 **Le programme** Listen to this announcement about tonight's TV program. Then, answer the questions in your lab manual.

1. À quelle heure on peut voir les infos?
2. Comment s'appelle le jeu télévisé?
3. Quelle est l'histoire du drame psychologique?
4. Qu'est-ce que «Des vies et des couleurs»?
5. Qui est l'invité du magazine?
6. Est-ce qu'Éric Bernier n'est que chanteur?

Audio Activities

Nom ____________________ Date ____________________

LES SONS ET LES LETTRES

Les abréviations

French speakers use many acronyms. This is especially true in newspapers, televised news programs, and in political discussions. Many stand for official organizations or large companies.

EDF = Électricité de France **ONU** = Organisation des Nations Unies

People often use acronyms when referring to geographical place names and transportation.

É-U = États-Unis **RF** = République Française
RN = Route Nationale **TGV** = Train à Grande Vitesse

Many are simply shortened versions of common expressions or compound words.

SVP = S'il Vous Plaît **RV** = Rendez-Vous **RDC** = Rez-De-Chaussée

When speaking, some acronyms are spelled out, while others are pronounced like any other word.

CEDEX = Courrier d'Entreprise à Distribution Exceptionnelle *(an overnight delivery service)*

1 **Prononcez** Répétez les abréviations suivantes à voix haute.

1. W-C = Water-Closet
2. HS = Hors Service (*out of order*)
3. VF = Version Française
4. CV = Curriculum Vitæ
5. TVA = Taxe à la Valeur Ajoutée (*added*)
6. DELF = Diplôme d'Études en Langue Française
7. RATP = Régie Autonome (*independent administration*) des Transports Parisiens
8. SMIC = Salaire Minimum Interprofessionnel de Croissance *(growth)*

2 **Assortissez-les** Répétez les abréviations à voix haute. Que représentent-elles?

___ 1. ECP
___ 2. GDF
___ 3. DEUG
___ 4. TTC
___ 5. PDG
___ 6. OVNI

a. objet volant non identifié
b. toutes taxes comprises
c. président-directeur général
d. école centrale de Paris
e. gaz de France
f. diplôme d'études universitaires générales

3 **Expressions** Répétez les expressions à voix haute.

1. RSVP (Répondez, S'il Vous Plaît).
2. Elle est BCBG (Bon Chic, Bon Genre).

4 **Dictée** You will hear eight sentences. Each will be said twice. Listen carefully and write what you hear.

1. ____________________
2. ____________________
3. ____________________
4. ____________________
5. ____________________
6. ____________________
7. ____________________
8. ____________________

Audio Activities

Nom ______________________ Date ______________________

STRUCTURES

7B.1 The subjunctive (Part 4): the subjunctive with conjunctions

1 **Identifiez** Listen to each statement and mark an X in the column of the conjunction you hear.

Modèle

You hear: Nous n'y arriverons pas sans que vous fassiez un effort.
You mark: an **X** under **sans que**

	sans que	sans	avant que	avant de	pour que	pour
Modèle	X					
1.						
2.						
3.						
4.						
5.						
6.						
7.						
8.						

2 **Finissez** You will hear incomplete sentences. Choose the correct ending for each sentence.

1. a. jusqu'à ce qu'il trouve son style. b. avant qu'il regarde un jeu télévisé.
2. a. à condition que les enfants ne soient pas là. b. à moins que nous regarderons la télé.
3. a. avant que le conte finisse mal. b. à moins que tu sois toujours malade.
4. a. pour que les critiques en parlent. b. à moins qu'il y ait un temps catastrophique à annoncer
5. a. avant qu'elle m'explique la vie de son auteur. b. à condition que le magazine fasse un article.
6. a. pour que l'histoire soit populaire. b. à condition qu'il finisse bien.

3 **Conjuguez** Form a new sentence using the cue you hear as the subject of the first verb. Repeat the correct response after the speaker. (*6 items*)

Modèle

Tu ne partiras pas sans finir ton assiette. (nous)
Nous ne partirons pas sans que tu finisses ton assiette.

4 **Décrivez** Listen to each statement and write its number below the drawing it describes. There are more statements than there are drawings.

a. ____________

b. ____________

c. ____________

d. ____________

Audio Activities

Nom ______________________ Date ______________________

7B.2 Review of the subjunctive

1 **Choisissez** Listen to each sentence and decide whether you hear a verb in the subjunctive.

	Subjonctif	Pas de subjonctif		Subjonctif	Pas de subjonctif
1.	❍	❍	5.	❍	❍
2.	❍	❍	6.	❍	❍
3.	❍	❍	7.	❍	❍
4.	❍	❍	8.	❍	❍

2 **Complétez** You will hear sentences with a beep in place of a verb. Decide which verb should complete each sentence and circle it. Repeat the correct response after the speaker.

Modèle

You hear: Cette artiste sera douée à condition que vous lui *(beep)* des conseils.
You see: donnez donniez
You circle: **donniez**

1.	apprennent	apprendront	5. soit	est
2.	sont	soient	6. devenir	devienne
3.	arrêtez	arrêtiez	7. aiment	aime
4.	lisions	lire	8. invitions	invitons

3 **Transformez** Change each sentence you hear to the subjunctive using the expressions you see in your lab manual. Repeat the correct response after the speaker.

Modèle

You hear: Elle vend beaucoup de tableaux.
You see: Je doute que...
You say: **Je doute qu'elle vende beaucoup de tableaux.**

1. Il n'est pas essentiel que...
2. Monsieur Bétan ne croit pas que...
3. On essaiera de voir la pièce à moins que...
4. Il est dommage que...
5. Est-ce que tu es triste...
6. Il vaut mieux que...

4 **Le professionnel** Listen to the trainer's advice. Then, number the drawings in your lab manual in the correct order.

a. __________

b. __________

c. __________

d. __________

e. __________